RICHARD ASSUIED – DANIELLE BUSELLI – ANNE-MARIE RA...

Cycle 3
CE2

Parcours
Étude de la langue

Cahier de règles et d'exercices

GRAMMAIRE

CONJUGAISON

VOCABULAIRE

HATIER

Unité	Grammaire		Conjugaison		Vocabulaire	
	POUR BIEN COMMENCER		Apprendre à observer la langue			4
1	Le pluriel et le singulier : le groupe nominal (1)	5	Le pluriel et le singulier : la notion de verbe (1)	6	L'ordre alphabétique et le dictionnaire (1)	7
2	Le pluriel et le singulier : le groupe nominal (2)	8	Passé, présent, futur : la notion de verbe (2)	9	L'ordre alphabétique et le dictionnaire (2)	10
3	Le pluriel et le singulier : les pronoms *il, elle, ils, elles*	11	L'accord du verbe avec les pronoms *il, elle, ils, elles*	12	L'ordre alphabétique et le dictionnaire (3)	13
4	La phrase	14	L'infinitif	15	Le nom propre et le nom commun	16
5	Les pronoms personnels de 3ᵉ personne dans le texte	17	Les pronoms personnels de conjugaison *je* et *tu*	18	Les familles de mots (1) : verbes et noms	19
6	Ce que tu sais sur les chaînes d'accords					20
7	L'adjectif (1) : masculin et féminin	21	Les pronoms personnels de conjugaison *nous* et *vous*	22	Les familles de mots (2)	23
8	L'adjectif (2) : l'accord	24	Le présent des verbes *être* et *avoir*	25	Noms masculins et noms féminins	26
9	L'adjectif (3) : l'adjectif qualificatif	27	La notion de groupe de verbes. Le présent des verbes du 1ᵉʳ groupe	28	Le dictionnaire : comprendre les abréviations	29
10	Le genre des pronoms personnels de conjugaison	30	Le présent des verbes du 2ᵉ groupe	31	Le champ lexical	32
11	L'adjectif (4) : la formation du féminin	33	Le présent de quelques verbes fréquents du 3ᵉ groupe (1)	34	Différents sens pour un même mot	35
12	Ce que tu sais sur les chaînes d'accords					36
13	Les expansions du groupe nominal	37	Le présent des verbes du 3ᵉ groupe (2)	38	Les homophones (1)	39
14	Le complément du nom	40	Le présent de l'impératif	41	Les noms composés	42
15	Les expansions introduites par *qui* et *que*	43	Le futur (1)	44	Les homophones (2) et-est son-sont à-a on-ont	45
16	Ce que tu sais sur les chaînes d'accords					46
17	Le groupe sujet	47	Le futur (2) Les verbes *être, avoir* et *aller*	48	Approche de la définition : le nom	49
18	Le groupe verbal et les compléments de phrase	50	Le futur (3) Quelques verbes fréquents du 3ᵉ groupe	51	Les synonymes	52
19	Les types de phrases	53	L'imparfait et le passé composé	54	Dire le contraire (1)	55
20	Phrases affirmatives et phrases négatives	56	L'imparfait	57	Dire le contraire (2)	58
21	Les phrases interrogatives (1)	59	Le passé composé (1)	60	Suivre un nom dans un texte	61
22	Les phrases interrogatives (2)	62	Le passé composé (2) : les verbes *être, avoir* et *aller* Le participe passé	63		
23	Ce que tu sais sur les chaînes d'accords					64

Conception : **Véronique Lefebvre** – Mise en pages : **Nadine Aymard** – Illustrations : **Nicolas Vallet**

© Hatier, Paris, 2006 ISBN : 978-2-218-92192-6

Toute représentation ou reproduction, intégrale ou partielle, faite sans le consentement est illicite (article L. 122-4 du Code de la Propriété Intellectuelle) et constituerait une contrefaçon sanctionnée par l'article L. 335-2 du Code de la Propriété Intellectuelle. Une représentation ou reproduction sans autorisation de l'éditeur ou du Centre Français d'Exploitation du droit de Copie (20, rue des Grands-Augustins, 75006 Paris) constituerait une contrefaçon sanctionnée par les articles 425 et suivants du code Pénal.

Voici ton *Cahier de règles et d'exercices* pour la grammaire, la conjugaison, le vocabulaire.

Tu vas y retrouver :

1. la bulle : c'est ton outil pour observer la langue.

- Elle t'aidera :
    - à bien isoler ce que tu dois observer,
    - à comprendre les liens entre les mots dans la phrase,
    - à comprendre les liens entre les phrases dans le texte.
- Elle t'aidera aussi à écrire sans fautes. Grâce à elle tu pourras :
    - te souvenir des règles que tu as apprises et bien les utiliser,
    - relire tes écrits et les vérifier en faisant attention à l'orthographe,
    - et, petit à petit, prendre rapidement de bonnes décisions en orthographe.

2. les règles et les définitions que tu as construites en classe

Pour mieux les comprendre et mieux les retenir, tu les compléteras toi-même avec des exemples.

3. des exercices

- Quand tu feras ces exercices, prends toujours le temps de te redire la règle que tu utilises.
Ainsi, tu vas la mémoriser et apprendre à l'utiliser de façon sûre quand tu écris.
- Quand tu traceras des bulles, dis-toi toujours les mots qui justifient l'accord.
Ainsi, tu vas apprendre à mieux contrôler ton orthographe.

4. au bas de chaque page LE MOT DU JOUR

Dans cette rubrique, tu retrouveras un mot du manuel, un peu rare, avec sa définition.

Tu t'entraîneras à l'écrire.

Bon travail !

1 POUR BIEN COMMENCER PAGES 8 ET 9 DU MANUEL

Apprendre à observer la langue

- Quand on parle de plusieurs choses, de plusieurs personnes, c'est **le pluriel**.
- Quand on parle d'une seule chose, d'une seule personne, ou d'aucune, c'est **le singulier**.

Écris sous les groupes de mots **S** pour singulier, **P** pour pluriel.

des ruisseaux – trois rivières – le fleuve – la mer

_____ – _____ – _____ – _____

Avec la bulle ⟲, tu vas pouvoir écrire sans faire d'erreurs au singulier et au pluriel.
Suis bien les numéros et le sens de la flèche.
Dis les phrases qui expliquent l'écriture.

les zèbre(s)

1. Le **s** dans la bulle de **zèbres** me montre qu'il y a plusieurs zèbres…
2. et je le sais parce que c'est **les** qui me l'indique.

les lionceau(x)

1. Le **x** dans la bulle de **lionceaux** me montre qu'il y a plusieurs lionceaux…
2. et je le sais parce que c'est **les** qui me l'indique.

le zèbre◯

1. La bulle vide à la fin de **zèbre** me montre qu'il y a un seul zèbre…
2. et je le sais parce que c'est **le** qui me l'indique.

le lionceau◯

1. La bulle vide à la fin de **lionceau** me montre qu'il y a un seul lionceau…
2. et je le sais parce que c'est **le** qui me l'indique.

❶ Recopie les groupes de mots au pluriel. Trace les bulles.

un arbre – le tronc – des branches – beaucoup de feuilles

_____

❷ Recopie les groupes de mots au singulier. Trace les bulles.

un conte – des personnages – des aventures – une fée – la fin

_____

LE MOT DU JOUR

Le zèbre ressemble à un âne.
Il a le pelage rayé de noir et de blanc.
Ne le confonds pas avec le **zébu**,
qui ressemble à un bœuf
et qui a une bosse sur le dos.
Écris le nom de chaque animal. _____   _____

1 GRAMMAIRE   Pages 10 et 11 du manuel

Le pluriel et le singulier : le groupe nominal (1)

- Les mots qui indiquent le singulier ou le pluriel s'appellent des **déterminants**.
- Les mots commandés par les déterminants s'appellent des **noms**.

Écris sous les groupes de mots **D** pour déterminant, **N** pour nom.

un pinceau – cinq feutres – le crayon – nos collages

_____ – _____ – _____ – _____

(À SUIVRE)

1 Pour chaque nom, choisis un déterminant qui convient.
Recopie les groupes de mots et trace les bulles.

plusieurs	fourmi
un	mouches
les	abeille
trois	insectes
le	papillons
la	moustique
l'	puce

2 Écris un déterminant devant chaque nom. Vérifie avec la bulle.

_____ écrans – _____ télévision – _____ chaînes – _____ journal

_____ abris – _____ tente – _____ igloo – _____ cabanes

3 Place ces déterminants dans le texte. Trace les bulles.

des – ses – la – le – une – son – sa – quatre

_____ petit garçon rassemble _____ crayons , puis il pose _____ feuille de papier sur _____ bureau . Il dessine _____ maison avec _____ porte , _____ fenêtres et _____ tourbillons de fumée qui sortent par _____ cheminée .

LE MOT DU JOUR

Un candélabre est un grand chandelier à plusieurs branches.
Autrefois, les salles des châteaux étaient éclairées par des _____ .

UNITÉ 1 • 5

1 CONJUGAISON   Pages 12 et 13 du manuel

Le pluriel et le singulier : la notion de verbe (1)

- Les mots qui changent quand on commence la phrase avec *hier* ou *demain* s'appellent des **verbes**.
- Les verbes se mettent aussi au singulier ou au pluriel, mais pas comme les noms.

Surligne les verbes.

Ce matin, nous avons appris une nouvelle chanson.

Demain, nous apprendrons une nouvelle chanson.

> Apprends à tracer les bulles du singulier et du pluriel pour les verbes.
> Suis bien les numéros et le sens de la flèche.
> Dis les phrases qui expliquent l'écriture.
>
> Une pierre tomb(e).
>
> ① Le *e* que j'entoure me montre que c'est une seule pierre qui tombe…
> ② et je le sais parce que *une pierre* est au singulier.
>
> Des pierre(s) tomb(ent).
>
> ① Le *ent* que j'entoure me montre que ce sont plusieurs pierres qui tombent…
> ② et je le sais parce que *des pierres* est au pluriel.

(À SUIVRE)

❶ Trace la bulle du verbe.

Le vent souffle . Les herbes ondulent .

Des nuages arrivent . La nuit tombe .

❷ Remplis la bulle du verbe et trace les liens.

Les déménageurs vid◯ le camion. Ma mère montr◯ où poser les meubles.

❸ Place ces groupes de mots dans le texte. Vérifie avec la bulle.

L'arbitre – La bataille – Les balais – Les sorcières

_____ enfourchent leurs balais. _____ donne le signal du départ. _____ décollent. _____ commence aussitôt.

LE MOT DU JOUR

Hiberner, c'est passer l'hiver à l'abri et au repos pour se protéger du froid.

Beaucoup d'animaux _____ :

les marmottes, les chauves-souris, les serpents, les écureuils, les hérissons, les ours.

1 VOCABULAIRE PAGES 14 ET 15 DU MANUEL

L'ordre alphabétique et le dictionnaire (1)

- **L'alphabet**, c'est la liste des lettres qui permettent d'écrire tous les mots de la langue française.
L'ordre alphabétique, c'est l'ordre des lettres de l'alphabet.
- Dans le dictionnaire, on trouve l'écriture et le sens des mots.
Les mots y sont rangés dans l'ordre alphabétique.
Pour utiliser le dictionnaire, il faut connaître l'ordre alphabétique par cœur.

Complète l'alphabet : écris les lettres qui manquent.

___ – B – C – D – ___ – ___ – G – H – ___ – J – K – L – M – ___ –
___ – ___ – Q – R – ___ – ___ – ___ – ___ – W – X – Y – ___

(À SUIVRE)

1 Recopie les lettres dans l'ordre alphabétique.

I – G – F – H – J _____

L – C – K – B – R _____

P – E – S – M – T – X _____

2 Complète avec *avant, après, entre*.

O est _____ N et P.

O est _____ N.

O est _____ P.

O est _____ S.

3 Complète avec des lettres.

C est entre _____ et _____.

G est juste après _____.

T est juste avant _____.

I est entre _____ et _____.

4 Observe la première lettre des mots et recopie-les dans l'ordre alphabétique.

ouistiti – éléphant _____

un – deux – trois _____

petit – moyen – grand _____

père – mère – frère – sœur _____

noir – clair – sombre – obscur _____

LE MOT DU JOUR

Le kiwi est un fruit à la chair verte.

Mais _____ est aussi

un oiseau aux ailes très courtes.

2 GRAMMAIRE — Pages 20 et 21 du manuel

Le pluriel et le singulier : le groupe nominal (2)

- La bulle ⌒ montre le lien entre le nom et le déterminant qui le commande.
- Le groupe de mots formé par le nom et son déterminant s'appelle **le groupe nominal**.

Je comprends bien : un **groupe nominal**,
– c'est un **groupe**, car il y a plusieurs mots : le déterminant et le nom ;
– c'est un groupe **nominal** parce qu'il contient un nom.

Trace la bulle des groupes nominaux.

un couteau   – des fourchettes   – mon verre   – la serviette

(À SUIVRE)

- Au pluriel, presque tous les noms s'écrivent avec un *s* à la fin.

Trace les bulles du singulier et du pluriel.

une illustration   – des illustrations   – le dessinateur   – les dessinateurs

- Mais les noms qui se terminent par *au* ou *eau* au singulier s'écrivent avec un *x* au pluriel.

Trace les bulles du singulier et du pluriel.

un couteau   – des couteaux   – un râteau   – des râteaux

Il y a quelques exceptions que tu apprendras plus tard.

(À SUIVRE)

❶ Écris au pluriel. Trace les bulles.

le panda _____   – un berceau _____

mon vélo _____   – ce cadeau _____

un corbeau _____   – une botte _____

❷ Trace les liens et complète la bulle quand c'est nécessaire.

Les acteur○ arrivent chez la costumière○. Il faut trouver onze manteau○

pour déguiser les habitant○ de la ville○, et deux chapeau○ pour les berger○,

des garçon○ qui n'ont que sept an○ dans l'histoire○.

LE MOT DU JOUR

Le coquelicot est une fleur
rouge comme une crête de coq,
qui pousse dans les champs en été.

> J'ai descendu dans mon jardin
> Pour y cueillir du romarin.
> Gentil _____, mesdames,
> Gentil _____ nouveau.

2 CONJUGAISON — Pages 22 et 23 du manuel

Passé, présent, futur : la notion de verbe (2)

- Quand on pense que c'est fini, terminé, c'est le **passé**.
- Quand on pense que cela va arriver, que c'est pour plus tard, c'est le **futur**.
- Quand on pense que c'est en ce moment, que ce n'est pas fini, c'est le **présent**.

Le verbe suffit souvent à dire et à faire comprendre quand ça se passe.
Le verbe est le seul mot de la phrase qui change avec le temps.

À côté de chaque phrase, écris si elle indique le passé, le présent ou le futur.

Avant de partir, vous éteindrez toutes les lumières. _____

Les mousquetaires protégeaient le roi de France. _____

Mon appareil photo ne marche plus. _____

(À SUIVRE)

1 Encadre le verbe.
Puis écris si la phrase parle du passé, du présent ou du futur.

Les pigeons ont envahi la place de la mairie. _____

Dans le jardin, les merles cherchent des vers de terre. _____

Les hirondelles partiront bientôt. _____

De loin, on voyait les nids des mouettes au sommet des rochers. _____

2 Complète avec les verbes.

| ai préparé | attends | ai rangé | fera | arriveront | ai sorti |

J'_____ mes amis pour mon anniversaire. Ils _____ au début de l'après-midi. J'_____ ma chambre et j'_____ mes jeux. Pour le goûter, j'_____ une salade de fruits et maman nous _____ des tartines de chocolat fondu.

LE MOT DU JOUR

Un croquis est un dessin rapide, qui ne montre pas tous les détails.
Le peintre fait un _____ pour préparer son tableau.
Le géographe fait un _____ pour noter les principaux aspects d'un paysage.

UNITÉ 2

2 VOCABULAIRE — Pages 24 et 25 du manuel

L'ordre alphabétique et le dictionnaire (2)

> • Quand deux mots ne commencent pas par la même lettre, c'est facile de les ranger dans l'ordre alphabétique.
>
> Encadre les deux lettres que l'on a comparées pour ranger ces mots.
>
> m a r r o n n i e r – p l a t a n e
>
> • Quand deux mots commencent par la même lettre, je regarde la deuxième lettre, et je suis l'ordre alphabétique.
>
> Encadre les deux lettres que l'on a comparées pour ranger ces mots.
>
> i m i t e r – i n s t r u m e n t
>
> (À SUIVRE)

❶ Range ces noms dans l'ordre alphabétique.

piccolo – hautbois – flûte – basson

_____

cor – clarinette – célesta – cymbale

_____

tambour – xylophone – triangle – claves – piano – carillon

_____

❷ Marque d'une croix la place du mot encadré.

| verser | | valise | vide | voiture | vrai |

| dinosaure | | baleine | cachalot | dragon | éléphant | mammouth |

❸ Écris un mot qui peut être rangé entre ces deux mots.

caméra _____ culture   peur _____ purée

❹ Entoure le mot qui vient après *poste*.

lettre – timbre – carte – bureau – colis

❺ Entoure le mot qui vient avant *rêve*.

rhume – ruse – raquette – riz – roi

LE MOT DU JOUR

Le **buccin** est un coquillage.

Mais le _____ est aussi

un ancien instrument de musique.

3 GRAMMAIRE Pages 30 et 31 du manuel

Le pluriel et le singulier : les pronoms il, elle, ils, elles

- **Il, elle** reprennent un groupe nominal au singulier.
- **Ils, elles** reprennent un groupe nominal au pluriel.

Il, elle, ils, elles sont des **pronoms**.

(À SUIVRE)

> Apprends à inscrire ces pronoms dans la chaîne des accords.
>
> Les voitures passent. Elles roulent vite.
> 1. Il y a s dans la bulle de *elles* parce que *elles* est au pluriel…
> 2. et je le sais parce que *elles* reprend *les voitures*.
>
> Regarde le canard ! Il plonge dans l'étang.
> 1. La bulle de *il* est vide parce que *il* est au singulier…
> 2. et je le sais parce que *il* reprend *le canard*.

❶ Complète la bulle des pronoms il, elle, ils, elles.

1. La libellule est posée au sommet d'une herbe. Elle○ guette les insectes.

2. Deux canards nagent sur l'étang. Soudain, il○ plongent dans l'eau.

3. Les couleuvres rampent à la surface de l'eau.

Elle○ capturent des petits poissons et des grenouilles.

❷ Complète avec il, elle, ils, elles. Vérifie avec la bulle.

Connais-tu l'histoire de Pinocchio ? _____ raconte les aventures d'un pantin de bois

qui devient l'ami d'un renard et d'un chat. Ces brigands lui conseillent de désobéir à

son père et _____ l'entraînent à faire des bêtises toujours plus graves et plus dangereuses.

Heureusement, sa marraine est une fée. _____ le sauve des dangers.

Avec son aide, le pantin grandit et _____ devient un garçon bien vivant.

❸ Continue. Utilise le pronom il.

Nous avons adopté un petit chat. _____

_____

LE MOT DU JOUR

L'horizon est la ligne que l'on voit

là où le ciel et la terre semblent se toucher.

Colorie la ligne d' _____ .

UNITÉ 3 • 11

3 CONJUGAISON — Pages 32 et 33 du manuel

L'accord du verbe avec les pronoms *il, elle, ils, elles*

- ***Il, elle, ils, elles* commandent le singulier ou le pluriel du verbe,** exactement comme le groupe nominal qu'ils reprennent.
- *Il, elle, ils, elles* sont des **pronoms personnels de conjugaison de troisième personne**.

> Apprends à tracer la bulle du verbe avec le pronom personnel de conjugaison.
>
> Une voiture○ passe. Elle○ roul○e vite.
>
> ① La bulle de *elle* est vide parce que *elle* est au singulier…
> ② et je le sais parce que *elle* reprend *une voiture*.
> ③ Le *e* dans la bulle du verbe montre qu'il y a *une voiture* qui roule…
> ④ et je le sais parce que *elle* reprend *une voiture*.
>
> Les voiture○s passent. Elle○s roul○ent vite.
>
> ① Il y a *s* dans la bulle de *elles* parce que *elles* est au pluriel…
> ② et je le sais parce que *elles* reprend *les voitures*.
> ③ Il y a *ent* dans la bulle du verbe parce qu'il y a *plusieurs voitures* qui roulent…
> ④ et je le sais parce que *elles* reprend *les voitures*.

❶ La chaîne d'accord est tracée. Remplis les bulles quand c'est nécessaire.

1. L'entraîneur○ constitue les équipes. Il○ désign○ le capitaine de chaque groupe.
2. Quand les branche○ perdent leurs feuilles, elle○ ressembl○ à des bras nus.

❷ Trace la chaîne d'accord et remplis la bulle du verbe.

1. Les piétons s'arrêtent sur le trottoir. Ils regard○ avant de traverser.
2. Au rayon des biscuits, la cliente prend deux boîtes. Elle compar○ les prix.
3. Le jardinier pousse sa brouette. Il ramass○ les feuilles mortes.

❸ Recopie : mets le groupe nominal en gras au pluriel. Attention à tout ce qui change.

Regarde **ce merle**. Il dévore les cerises de notre arbre !

_____

_____

LE MOT DU JOUR

Flairer, c'est trouver ou reconnaître quelque chose grâce à l'odeur.

En rentrant chez lui, l'ogre _____ une odeur inhabituelle.

« Ça sent la chair fraîche ici ! » s'exclame-t-il.

3 VOCABULAIRE — Pages 34 et 35 du manuel

L'ordre alphabétique et le dictionnaire (3)

Quand on ouvre un dictionnaire, on trouve toujours :
– au sommet de la page de gauche, le premier mot de la page ;
– au sommet de la page de droite, le dernier mot de la page.
Ils encadrent tous les mots qui figurent dans les deux pages.
Ce sont des **mots-repères**. Ils t'aident à chercher plus vite.

• Quand des mots commencent par la même lettre, c'est la deuxième lettre qui donne l'ordre alphabétique : n*a*ge – n*e*ttoyer – n*i*d.

• Quand des mots commencent par les deux mêmes lettres, c'est la troisième lettre qui donne l'ordre alphabétique : ri*d*eau – ri*r*e – ri*v*age.

• Quand des mots commencent par les trois mêmes lettres, c'est la quatrième lettre qui donne l'ordre alphabétique : pla*f*ond – pla*g*e – pla*n*.
Et ainsi de suite…

1 Entoure le mot qui va entre les mots-repères.

LIÈVRE • LINGE   légende – laver – lilas – loin – livre

GLACE • GLOIRE   girafe – glisser – geler – gris – gonfler

BRICOLER • BRISER   bretelle – brosse – brioche – brave – brebis

2 Cherche le mot *éclair* dans ton dictionnaire.
Écris les mots-repères de la double page où tu l'as trouvé.
_____

3 Range dans l'ordre alphabétique.

ampoule – amour – amer – amical – amuser
_____

clé – classe – citron – climat – clarté
_____

4 Entoure le mot

a) qui vient juste avant *dentiste* dans l'ordre alphabétique.

dénicher – dentelle – démonter – dent – départ

b) qui vient juste après *siffler* dans l'ordre alphabétique.

sieste – silence – signal – siècle – simple

LE MOT DU JOUR

Un ventriloque, c'est quelqu'un qui sait parler sans bouger les lèvres.
Complète avec un mot de la même famille :
Chez le ventriloque, la voix semble venir du _____.

4 GRAMMAIRE — Pages 40 et 41 du manuel

La phrase

> • Quand on parle, on fait des phrases.
> **Une phrase** se compose de mots que l'on sait mettre en ordre parce qu'on sait parler. Elle veut dire quelque chose. Si on la dit à quelqu'un, il comprend.
>
> • Ce qu'on sait faire quand on parle, il faut aussi le faire quand on écrit, mais c'est plus difficile.
> En plus, à l'écrit, on met **une majuscule** au début de chaque phrase et **un point** à la fin.
>
> (À SUIVRE)

> On peut utiliser différents points pour terminer la phrase :
> – le **point d'interrogation** ?
> pour poser une question ;
> – le **point d'exclamation** !
> pour montrer l'émotion,
> l'étonnement, pour s'exclamer ;
> – les **points de suspension** …
> pour montrer que l'on n'a pas tout dit,
> pour laisser le temps de réfléchir ;
> – le **point simple** .
> pour toutes les autres phrases.

❶ Recopie. Écris les majuscules et les points.

au printemps les champs sont pleins de fleurs les insectes et les papillons sont attirés par leurs parfums et leurs couleurs

_____

_____

_____

❷ Les mots de chaque phrase sont dans l'ordre alphabétique. Remets-les dans l'ordre de la phrase. N'oublie pas les majuscules.

a) a il la neigé nuit toute. b) arbres blancs et jardin le les sont.

a) _____

b) _____

❸ Écris les points qui conviennent.

Maître Antonio abattit sa hache sur le morceau de bois ☐

– Aïe, tu m'as fait mal ☐

– Mais d'où vient cette voix ☐ Ce n'est pas ce morceau de bois qui pleure

comme un enfant ☐ Ce n'est pas possible ☐

COLLODI, *Les aventures de Pinocchio*.

LE MOT DU JOUR

L'agaric est un petit champignon blanc que l'on cueille dans les prés à l'automne.

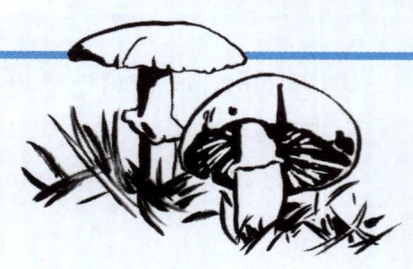

4 CONJUGAISON — Pages 42 et 43 du manuel

L'infinitif

Tu connais maintenant deux formes du verbe :
- **une forme conjuguée,** c'est-à-dire une forme **qui varie** :
  – avec le temps,
  – avec le singulier et le pluriel,
  – et avec les pronoms personnels de conjugaison.
- **l'infinitif**, une forme **qui n'est pas conjuguée, qui ne varie pas**.

Écris l'infinitif de ces verbes conjugués :

nous tenons : _____ – tu marqueras : _____ – elle allait : _____

Dans le dictionnaire, on trouve le verbe à l'infinitif.

(À SUIVRE)

- Dans la phrase, le verbe à l'infinitif est très souvent introduit par des mots ou par des expressions : **à, de, pour, en train de**…
- Il peut aussi être introduit par un verbe conjugué :
elle aime regarder ; **je peux** manger ; **il faut** observer…
- Beaucoup de verbes à l'infinitif se terminent par le son [e].
Ils s'écrivent toujours **-er**.

(À SUIVRE)

a) Surligne les verbes conjugués. Puis écris leur infinitif dans l'ordre du texte.

Au château du roi Charles le Gros, tout était calme. Comme d'habitude, le roi chassait les papillons, la reine bronzait au soleil et le petit prince dormait dans son berceau d'or et d'argent. Un jour un brigand entre par une petite fenêtre… Ce brigand-là porte un grand sac pour voler tout ce qu'il peut. Il prend la couronne du roi, ses babouches décorées de papillons dorés et son savon à barbe parfumé. Il emporte les colliers de la reine, ses plus belles robes et ses lunettes de soleil.
Mais au moment de ressortir, une mouche se pose sur son nez rouge.

JO HOESTLAND, *Le prince sans rire* © J'aime lire, Bayard Jeunesse.

_____

_____

b) Entoure dans le texte les verbes à l'infinitif avec les mots qui les introduisent.

LE MOT DU JOUR

Des jumelles, ce sont des filles
nées en même temps de la même maman.
Mais les _____ ce sont aussi
des lunettes qui permettent de voir très loin.

UNITÉ 4 • 15

4 VOCABULAIRE — Pages 44 et 45 du manuel

Le nom propre et le nom commun

- **Les noms propres s'écrivent toujours avec une majuscule.**
Souvent, ils n'ont pas de déterminant : *Pierre, Pasteur, Victor Hugo*.
Mais quelquefois, ils en ont un : *la Camargue, le Rhône, les Pyrénées*.
- **Ce sont des groupes nominaux. Ils sont presque toujours invariables.**
- **Ils commandent l'accord du verbe.**

   Aline raconte son enfance.   Les Pyrénées sont des montagnes.

- **Tous les autres noms sont des noms communs.**

Écris deux noms propres : _____

Écris deux noms communs : _____

(À SUIVRE)

❶ Surligne les noms propres en bleu et les noms communs en jaune.

[…] C'est la cloche qui sonne

Pour ma fille Yvonne !

C'est la cloche de Paris,

Il est temps d'aller au lit,

C'est la cloche de Nogent,

Papa va en faire autant.

C'est la cloche de Givet,

Il est l'heure d'aller se coucher.

Ah ! non ! pas encore ! dis ! […]

MAX JACOB, extrait de « Pour les enfants et les raffinés » in « Les œuvres burlesques et mystiques de Frère Matorel » recueilli dans *Saint Matorel* © Gallimard.

❷ Complète le tableau : écris un nom dans chaque case.

Sur une ligne, tous les noms commencent par la même lettre.

	noms propres			noms communs		
	personnes	villes	pays	animaux	plantes	choses
C	_____	_____	_____	_____	_____	_____
A	_____	_____	_____	_____	_____	_____

LE MOT DU JOUR

Le nymphéa est l'autre nom du nénuphar.

Le _____ est une plante aux larges feuilles, aux belles fleurs blanches, jaunes ou roses qui pousse dans l'eau calme des bassins et des étangs.

5 GRAMMAIRE PAGES 50 ET 51 DU MANUEL

Les pronoms personnels de 3ᵉ personne dans le texte

- Quand on parle, on ne répète pas les mêmes noms plusieurs fois :
on les reprend avec les pronoms personnels de 3ᵉ personne.
- Quand on écrit, on doit penser à faire pareil.

❶ Complète avec des pronoms personnels de 3ᵉ personne.

C'est une belle journée d'été. Deux amoureux se promènent dans la forêt. _____ s'appellent Jorinde et Jorindel. _____ marchent longtemps, mais quand la nuit tombe, _____ comprennent qu'_____ se sont perdus. Tout à coup, _____ voient une lueur entre les arbres : c'est celle d'un immense château, noir et lugubre.

– Voilà notre refuge, dit Jorindel, le garçon.

Ce qu'_____ ne sait pas, c'est que cette sombre demeure est le château de la reine des sorcières ! La reine des sorcières ! Ses pouvoirs sont immenses ! _____ sait se changer en animal pour attirer les bêtes de la forêt et dévorer leur cœur. Et _____ a jeté un terrible sort autour du château : si une jeune fille s'en approche, _____ est aussitôt transformée en oiseau. On dit que la sorcière a déjà plus de mille oiseaux. _____ sont enfermés au sommet de la tour. Quelle étrange collection !

D'après GRIMM, *Jorinde et Jorindel*.

❷ Évite les répétitions. Quand tu penses qu'un pronom convient, barre le nom et écris le pronom juste au-dessous.

L'ours Wakinu marchait. Wakinu finit par atteindre la montagne blanche et froide, qu'on appelle le pays des neiges. Mais Wakinu ne voyait rien. Wakinu marchait les yeux brouillés par les larmes. Wakinu ne remarqua ni la neige qui tombait à gros flocons, ni l'épais tapis blanc recouvrant l'horizon, ni le froid qui glaçait le ciel et la terre. Mais Wakinu leva la tête soudain. Et ce fut alors que Wakinu aperçut la piste blanche. La piste blanche brillait dans le ciel d'encre, là-bas au bout du pays des neiges.

D'après *La piste blanche*, in *Mille ans de contes d'animaux* © Milan.

LE MOT DU JOUR

Un essaim d'abeilles, c'est un groupe d'abeilles qui quitte la ruche pour aller s'installer ailleurs.

Les _____ s'installent parfois dans les cheminées.

5 CONJUGAISON
PAGES 52 ET 53 DU MANUEL

Les pronoms personnels de conjugaison je et tu

> *Je* et *tu* sont des pronoms. Ils commandent l'écriture du verbe au singulier.
> – *Je* est le **pronom personnel de conjugaison de 1re personne du singulier**.
> – *Tu* est le **pronom personnel de conjugaison de 2e personne du singulier**.
>
> (À SUIVRE)

❶ Qui dit *je* ? Qui est *tu* ? Écris tes réponses en face du texte.

– Mathieu, tu as réfléchi au cadeau que tu voudrais pour ton anniversaire ?
– Je veux un chien !
Son papa secoue la tête :
– Il n'en est pas question ! Il n'y aura pas de chien dans cette maison !
Tu peux choisir autre chose : une trottinette, des rollers, un jeu pour ta console…
Mathieu fait des grimaces et bougonne :
– Non… Je veux un chien !
– Je sais ce qu'on va t'offrir ! s'exclame soudain sa maman. Un film vidéo sur les chiens !
– Non ! s'écrie Mathieu en les regardant tour à tour dans les yeux.
C'est nul ! Je veux un chien.
– Tu ne préférerais pas sept jolis poissons rouges ? propose sa mère. Un pour chacune de tes années…
– Nooonnn ! hurle Mathieu.

D'après ALAIN SURGET, *Un chien sinon rien* © Rageot.

❷ Complète avec *je* ou *tu*.

Le capitaine du bateau sourit à Gaël :

_____ nous as sauvés de la tempête. _____ te propose de devenir mon second.

_____ navigueras avec nous. Qu'en penses-_____ ?

L'enfant le regarde.

– _____ hésites ?

– Non. _____ serai tellement heureux de vivre sur la mer !

LE MOT DU JOUR

La scène est l'endroit du théâtre où jouent les acteurs.
C'est aussi une partie d'une pièce de théâtre.

Nous allons jouer une _____ de théâtre

sur la _____ du théâtre.

5 VOCABULAIRE — Pages 54 et 55 du manuel

Les familles de mots (1) : verbes et noms

- À partir d'un verbe, on peut souvent former un nom.
On dit alors que ce nom est dérivé du verbe.
- **Le verbe et le nom dérivé appartiennent à la même famille de mots.**

Écris un nom dérivé de *arroser* : un _____

(À SUIVRE)

1 Écris le nom dérivé de ces verbes.

ranger → le _____   déménager → un _____

lancer → le _____   pincer → un _____

craindre → la _____   plaindre → une _____

2 Écris l'infinitif des verbes qui ont servi à former ces noms.

le règlement : _____   un grincement : _____

un empilement : _____   un glissement : _____

une baignoire : _____   une balançoire : _____

un accélérateur : _____   un cultivateur : _____

3 Écris le nom qui manque. Sers-toi du verbe à l'infinitif.

1. En cas d'incendie le public doit sortir rapidement. C'est pourquoi il y a toujours plusieurs _____ de secours dans une salle de spectacle.

2. Samedi vous devrez réciter une poésie. Chacun choisit sa _____ .

3. J'ai appris à plonger du _____ de deux mètres.

4. Les classes vont exposer leurs travaux. L' _____ durera dix jours.

5. Quand on fait cuire un gâteau, il faut respecter le temps de _____ .

6. Nous avons marché toute la journée sans boire. Une _____ fraîche nous ferait du bien !

LE MOT DU JOUR

Se pavaner, c'est marcher d'une manière fière, comme un paon qui fait la roue.
Le verbe *se pavaner* vient du nom *paon*.

Regardez le paon qui se _____ !

En faisant la roue, cet oiseau,
Dont le pennage* traîne à terre,
Apparaît encore plus beau,
Mais se découvre le derrière.
*plumage

GUILLAUME APOLLINAIRE, « Le paon » in *Le Bestiaire ou Cortège d'Orphée* recueilli dans *Œuvres poétiques*, Bibliothèque de la Pléiade © Gallimard.

6 RÉVISIONS — Pages 60 à 62 du manuel

Ce que tu sais sur les chaînes d'accords

1 Trace les bulles ⌒ ou souligne ⌣ .

la campagne – une histoire – un radis – des champignons – sept souris

→ Quelle est cette chaîne d'accord ?

_____

2 Trace les bulles.

Le film commence . – Une tempête arrive . – Les baleines plongent .

→ Quelle est cette chaîne d'accord ?

_____

3 Complète les bulles.

Ramassez vos chaussures . Elle◯ traînent sous les bancs.

L' entraîneur◯ siffle . Il◯ rassemble les joueurs au milieu du terrain.

→ Quelle est cette chaîne d'accord ?

_____

4 Trace les bulles qui manquent.

Le hérisson◯ se cach(e) sous les feuille(s) . Il mange des insecte(s) et des ver(s) .

L'écureuil◯ cass(e) des noisette(s) . Elles craquent sous ses dent(s) .

→ Quelle est cette chaîne d'accord ?

_____

5 Écris le groupe nominal en gras au pluriel. Attention à tout ce qui change ! Contrôle la chaîne d'accord dans ta tête.

Un manchot glisse sur les rochers. Puis il plonge dans la mer.

_____
_____

Une mouette vole au-dessus des vagues. Elle crie.

_____
_____

7 GRAMMAIRE   Pages 66 et 67 du manuel

L'adjectif (1) : masculin et féminin

> • Tous les noms commandés par les déterminants *le, un, mon,* etc. sont **masculins**.
> • Tous les noms commandés par les déterminants *la, une, ma,* etc. sont **féminins**.
> • **Les adjectifs** sont des mots qui ont deux formes,
> – une forme quand ils accompagnent un groupe nominal masculin,
> – une autre forme quand ils accompagnent un groupe nominal féminin.

(À SUIVRE)

❶ Écris devant chaque nom un déterminant qui convient. Utilise des déterminants différents.

_____ récolte – _____ total – _____ bouquet – _____ orchestre

_____ victime – _____ coq – _____ coquille – _____ occasion

❷ Classe les groupes nominaux de l'exercice 1 dans ce tableau.

masculin	féminin

❸ Écris un groupe nominal qui convient.

_____ silencieuse – _____ blanc

_____ effrayant – _____ neuve

❹ Entoure l'adjectif qui convient.

une ⟨ joli / jolie ⟩ perdrix – un chat ⟨ méfiant / méfiante ⟩ – un ours ⟨ affamé / affamée ⟩ – une souris ⟨ gris / grise ⟩

LE MOT DU JOUR

Le silex est une pierre très dure et coupante. Les hommes préhistoriques taillaient des _____ pour en faire des outils ou des armes.

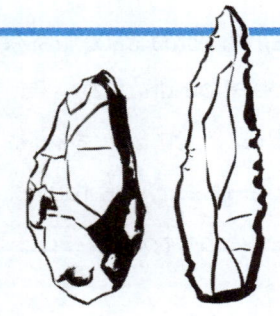

7 CONJUGAISON — Pages 68 et 69 du manuel

Les pronoms personnels de conjugaison nous et vous

• **Nous** et **vous** commandent l'écriture du verbe au pluriel.
– **Nous** est le pronom personnel de conjugaison de 1re personne.
Avec **nous**, il y a presque toujours **-ons** à la fin du verbe.

Trace les bulles : nous parlons — nous glissons — nous tombons

– **Vous** est le pronom personnel de conjugaison de 2e personne.
Avec **vous**, il y a presque toujours **-ez** à la fin du verbe.

Trace les bulles : vous parlez — vous glissez — vous tombez

• **On** commande le verbe à la troisième personne du singulier, comme **il** ou **elle**.

Trace les bulles : on parle — on glisse — on tombe

(À SUIVRE)

❶ Écris un pronom personnel qui convient.

_____ rêvez – _____ hésite – _____ craignons – _____ choisissez

_____ montre – _____ revenons – _____ remplissons – _____ danse

❷ Complète avec le pronom personnel qui convient.

1. Est-ce que _____ connaissez la rue Mozart ?

2. Audrey ne peut pas prendre tous les cahiers. _____ allez l'aider.

3. _____ ai un frère et une sœur. Dans ma famille _____ sommes cinq.

4. _____ pouvez commencer, _____ arrivons tout de suite.

❸ Remplis la bulle du verbe.

1. Si vous voul○ des crêpes, nous sav○ les faire !

2. Dans notre bibliothèque, nous av○ le livre que vous cherch○.

3. On manqu○ de lumière ! Est-ce que vous pouv○ ouvrir les rideaux ?

LE MOT DU JOUR

L'empreinte est la trace laissée sur une surface par un objet ou un corps.

Trempe un doigt dans de la peinture liquide et appuie-le sur une feuille, tu observeras ton _____ digitale.

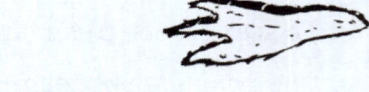

22 • UNITÉ 7

7 VOCABULAIRE — Pages 70 et 71 du manuel

Les familles de mots (2)

> Tous les mots dérivés d'un même **mot de base** forment **une famille de mots**.

❶ Dans chaque famille de mots, retrouve le mot de base.

1. éclairer – éclaircir – clair – éclairage – clairière – éclair – clairement

mot de base : _____

2. éventail – ventilateur – paravent – vent – venteux – ventiler

mot de base : _____

3. remonter – monteur – démontage – surmonter – monter – insurmontable

mot de base : _____

❷ Écris l'adjectif qui a permis de former ces noms :

_____ → blancheur   _____ → tristesse   _____ → propreté

_____ → rapidité   _____ → solidité   _____ → grandeur

❸ Écris le verbe qui a permis de former ces noms :

_____ → révision   _____ → fermeture   _____ → entrée

_____ → sortie   _____ → découverte   _____ → tentative

❹ Trouve un verbe dans la famille de ces noms :

un son : _____   l'invention : _____   l'épingle : _____

le courage : _____   un rêve : _____   la fleur : _____

❺ Comment écrire ces mots sans faire de faute ?
Pour chaque mot, cherche et écris un mot de sa famille.

désert : _____   ouvert : _____   aliment : _____

accord : _____   profond : _____   travers : _____

respect : _____   long : _____   surpris : _____

LE MOT DU JOUR

L'insigne est un objet que l'on porte
pour montrer que l'on appartient à un groupe,
ou que l'on exerce une fonction.

Insigne est un mot de la famille de _____.

8 GRAMMAIRE — Pages 76 et 77 du manuel

L'adjectif (2) : l'accord

Les adjectifs varient avec le groupe nominal qu'ils accompagnent, au masculin et au féminin, au singulier et au pluriel.

Apprends à inscrire les adjectifs dans la chaîne des accords.

La voiture est verte.

① Il y a **e** dans la bulle de *verte* parce que *verte* va avec *la voiture*…
② et le déterminant de *voiture*, c'est *la*.
La voiture est un groupe nominal féminin. *La* commande le **e** de *verte*.
→ Dans la bulle de l'adjectif, au féminin et au singulier, il y a toujours un **e**.

Les voitures sont vertes.

① Il y a **e** dans la bulle de *vertes* parce que *vertes* va avec *les voitures*…
② et *la voiture* est un groupe nominal féminin.
③ Il y a **s** dans la bulle de *vertes* parce que *vertes* va avec *les voitures*…
④ et *les voitures* est un groupe nominal au pluriel.
→ Dans la bulle de l'adjectif, au féminin et au pluriel, il y a le **e** du féminin et le **s** du pluriel.

Le camion vert roule.

① La bulle de *vert* est vide parce que *vert* va avec *le camion*…
② et le déterminant de *camion*, c'est *le*.
Le camion est un groupe nominal masculin. *Le* commande la bulle vide de *vert*.
→ Au masculin et au singulier, la bulle de l'adjectif est vide.

Les camions verts roulent.

① Il y a **s** dans la bulle de *verts* parce que *verts* va avec *les camions*…
② et le déterminant de *camions*, c'est *les*. *Les* commande le pluriel de *verts*.
→ Dans la bulle de l'adjectif, au masculin et au pluriel, il y a un **s** ou un **x**.

Le pluriel des adjectifs, c'est toujours s ou x, comme le pluriel des noms.

---

❶ Complète avec un adjectif. Trace les bulles.

une porte _____ – des livres _____

des araignées _____ – un mur _____

❷ Écris un groupe nominal qui convient. Trace les bulles.

_____ neuves . – _____ chaud .

❸ Remplace *un chat* par *deux chattes*. Vérifie avec les bulles.

Nous avons perdu un gentil petit chat noir.

_____

8 CONJUGAISON — Pages 78 et 79 du manuel

Le présent des verbes être et avoir

Le verbe **être** et le verbe **avoir** ont une conjugaison particulière.
On les inscrit entièrement dans la bulle.

Écris les tableaux de conjugaison. Trace les bulles.

être		avoir	
je _____	nous _____	j'_____	nous _____
tu _____	vous _____	tu _____	vous _____
il, elle _____	ils, elles _____	il, elle _____	ils, elles _____

❶ Complète les phrases avec le pronom personnel qui convient.

1. Dans la classe _____ sommes 12 garçons et 15 filles.

2. Thomas est brûlant. _____ a de la fièvre. _____ est sans doute malade.

3. Est-ce que _____ avez envie de jouer au ballon ?

4. Dans mon porte-monnaie, _____ ai trois pièces de deux euros.

❷ Être ou avoir ? Complète les phrases. Trace la bulle du verbe.

1. Nous _____ de la chance : pour la fête de l'école le temps _____ magnifique.

2. J'attends mes frères. Ils _____ toujours en retard.

3. Est-ce que tu _____ prête ?

4. Les escargots _____ des mollusques. Ils _____ une coquille sur le dos.

5. Le violon _____ un instrument de musique. Il _____ quatre cordes que l'on frotte avec un archet.

❸ Complète les phrases. Choisis entre ai, es, est.

1. Quand je sors de la piscine, j'_____ toujours faim.

2. Fais attention ! Tu _____ trop distrait. L'exercice _____ facile.

3. Quand j'_____ besoin d'aide, tu _____ toujours patiente avec moi.

LE MOT DU JOUR

L'adjectif **incandescent** signifie : rendu rouge par une très forte chaleur.

Les braises du feu sont _____.

Une plaque électrique qui chauffe devient _____.

8 VOCABULAIRE — Pages 80 et 81 du manuel

Noms masculins et noms féminins

- Quand on parle des personnes ou des animaux, il y a souvent deux noms : un masculin et un féminin.
- Parfois, ce sont des mots très différents.

Complète : un papa, une _____ – un garçon, une _____

- Parfois, c'est le même mot.

Complète : un pianiste, une _____ – un acrobate, une _____

- Parfois, on forme le nom féminin en transformant la fin du nom masculin.

Complète : un voisin, une _____ – un prisonnier, une _____

Quand tu parles, tu ne te trompes pas.

(À SUIVRE)

❶ Écris le nom masculin qui correspond à :

une menteuse : _____ – une infirmière : _____

une gamine : _____ – une princesse : _____

❷ Écris le nom féminin qui correspond à :

un dentiste : _____ – un musicien : _____

un athlète : _____ – un ami : _____

un patron : _____ – un aviateur : _____

❸ Écris le prénom masculin qui correspond à :

Louise : _____ – Françoise : _____ – Émilie : _____

❹ Écris les couples de noms dans une famille.

un père, _____ – un mari, _____

_____, une fille – un grand-père, _____

un frère, _____ – _____, une tante

_____, une cousine – un parrain, _____

LE MOT DU JOUR

Un grimoire est un livre de magie qui contient des textes mystérieux, difficiles à déchiffrer et à comprendre.

En fouillant dans une malle de livres abandonnés, Zoé a découvert _____.
Tu peux imaginer et écrire la suite.

9 GRAMMAIRE — Pages 86 et 87 du manuel

L'adjectif (3) : l'adjectif qualificatif

> Les adjectifs apportent toujours des précisions.
> L'adjectif qui précise un groupe nominal s'appelle un **adjectif qualificatif**.
>
> Apporte une précision au groupe nominal avec un adjectif qualificatif :
>
> une idée _____

(À SUIVRE)

❶ Précise chaque groupe nominal avec deux adjectifs qualificatifs.

une pièce _____
un travail _____
des chemins _____

❷ Recopie en supprimant les adjectifs qualificatifs.

Partez pour un voyage inoubliable à l'île de la Réunion. C'est une petite île tropicale française. Vous admirerez ses sommets volcaniques, ses paysages verdoyants, ses forêts épaisses, ses immenses cascades.

_____
_____
_____
_____

❸ Écris ces adjectifs qualificatifs à leur place.

aplaties – gigantesque – grosses – immense – longue – posés – usée – vieille

Tout a commencé un mardi de mai à midi pile. M. le Maire Marcel Lénervé avait ses

_____ fesses bien _____ sur une chaise et les pieds

_____ sur son bureau. Il allait planter ses dents dans un

_____ sandwich à la viande fumée lorsqu'il aperçut soudain, juste devant lui,

une étrange _____ dame, qui semblait sortie de nulle part. Elle portait une

_____ robe bleue, plutôt chic, passablement _____

et un _____ chapeau.

DOMINIQUE DEMERS, *La Mystérieuse Bibliothécaire*, Folio Cadet © Gallimard Jeunesse.

LE MOT DU JOUR

L'adjectif **enneigé** veut dire *couvert de neige*.
Écris deux autres mots de la famille de *neige* : _____

9 CONJUGAISON — Pages 88 et 89 du manuel

La notion de groupe de verbes
Le présent des verbes du 1er groupe

- **Un groupe de conjugaison**, c'est l'ensemble des verbes
  – qui se terminent de la même façon à l'infinitif,
  – et qui varient tous de la même façon avec le temps,
  et avec les pronoms personnels de conjugaison.

- Les verbes qui se terminent par **-er** à l'infinitif forment le **premier groupe de conjugaison**.
  Il n'y a qu'une exception : le verbe **aller**.

(À SUIVRE)

1 Écris le tableau de conjugaison de ces verbes. Trace toutes les bulles.

passer		oublier	
je _____	nous _____	j'_____	nous _____
tu _____	vous _____	tu _____	vous _____
il, elle _____	ils, elles _____	il, elle _____	ils, elles _____

2 Entoure les verbes du premier groupe.

grandir – gagner – attendre – briller – siffler – sortir – savoir – effrayer

3 Barre les mots qui ne sont pas des verbes du premier groupe.

colorier – un cocotier – le quartier – parier – un peuplier – vérifier

4 Écris un pronom personnel qui convient.

1. Je ne te crois pas. _____ inventes une histoire !

2. Après la récréation, _____ enlevons nos manteaux.

3. Si _____ bougez, la photo sera ratée.

4. _____ berce mon petit frère. Quand il est fatigué, _____ pleure.

5 Récris la phrase avec le pronom personnel *tu*.

En hiver, mon père allume souvent du feu dans la cheminée.

_____

LE MOT DU JOUR

S'obstiner, c'est tenir à une idée et refuser d'en changer.
Écris le nom dérivé de ce verbe : l'_____.

9 VOCABULAIRE — Pages 90 et 91 du manuel

Le dictionnaire : comprendre les abréviations

Dans le dictionnaire, les entrées sont suivies par des **abréviations**.
Les abréviations donnent des **indications grammaticales** sur les mots.

Écris entièrement les renseignements que te donnent les abréviations :

occasion n.f. : _____ – bout n.m. : _____

gémir v. : _____ – élégant adj. : _____

❶ Écris les abréviations pour ces mots. Vérifie dans ton dictionnaire.

démarrer _____ – étroit _____ – kayak _____ – blessure _____

mystère _____ – abriter _____ – inutile _____ – sécurité _____

❷ Classe les mots de cette page dans le tableau.

> **crâne** n. m. **1.** Ensemble des os de la tête. *Il s'est fait une fracture du crâne dans un accident de voiture.* **2.** Sommet de la tête. *Son grand-père a le crâne chauve.*
> ▷ **crânien, crânienne** adj. ✦ Du crâne. *Les os du crâne forment la boîte crânienne. Le blessé a un traumatisme crânien.*
>
> **crâner** v. (conjug. 1) ✦ Familier. Prendre un air supérieur. *Paul crâne depuis qu'il a eu une bonne note en français.* → fam. **frimer**.
> ▷ **crâneur** n. m., **crâneuse** n. f. ✦ Familier. Personne prétentieuse. *Quel crâneur, ce Paul !*
>
> **crapaud** n. m. ✦ Petit animal au corps massif, aux pattes arrière courtes et à la peau rugueuse, qui appartient à la même famille que la grenouille, les amphibiens. *L'hiver, les crapauds s'enfouissent sous terre.*
>
> **crapule** n. f. ✦ Personne très malhonnête. → **bandit, canaille** ; fam. **fripouille**. *Cette crapule devrait être en prison.*
>
> **craquelé, craquelée** adj. ✦ Couvert de petites fentes, fendillé. *La terre est sèche, elle est toute craquelée.*
>
> **cravache** n. f. ✦ Baguette flexible dont se sert le cavalier pour stimuler son cheval. *Il fait avancer son cheval à coups de cravache.*
>
> **cravate** n. f. ✦ Bande de tissu que les hommes passent sous le col de leur chemise et nouent devant.
>
> **crawl** [kʀol] n. m. ✦ Nage sur le ventre, consistant à battre des jambes et tirer les bras en avant tour à tour. *Alex n'aime pas nager le crawl, il préfère la brasse.*
> ● Ce mot vient de l'anglais *to crawl* qui veut dire « ramper ».
>
> **crayeux** [kʀɛjø], **crayeuse** [kʀɛjøz] adj. ✦ Formé de craie. *Les falaises d'Étretat sont crayeuses.*
> ▷ Mot de la famille de CRAIE.
>
> **crayon** n. m. ✦ Petite baguette de bois contenant une longue mine, qui sert à écrire, à dessiner. *Il existe des crayons noirs et des crayons de couleur.*
> ▷ **crayonner** v. (conjug. 1) ✦ Dessiner, écrire au crayon sans y apporter beaucoup de soin. *Alex a crayonné son numéro de téléphone sur un bout de papier.*
> ▷ Autre mot de la famille : TAILLE-CRAYON.

Dictionnaire Le Robert Junior © Robert Junior 2006.

noms masculins	noms féminins	adjectifs	verbes

UNITÉ 9

10 GRAMMAIRE — Pages 96 et 97 du manuel

Le genre des pronoms personnels de conjugaison

- **Il, ils** reprennent des groupes nominaux masculins.
Ce sont des **pronoms masculins**.
- **Elle, elles** reprennent des groupes nominaux féminins.
Ce sont des **pronoms féminins**.
- **Je, tu, nous, vous** désignent des personnes.
— L'adjectif permet de savoir si *je, tu, nous, vous* sont employés au masculin ou au féminin.

Complète : Je suis étonnée. (La personne qui parle est _____.)

Tu es content ? (La personne à qui on parle est _____.)

- **Pour les noms propres aussi, l'adjectif montre le masculin ou le féminin.**

Trace les bulles : Camille est inquiet . — Camille est inquiète .

— Quand *nous, vous, ils* désignent un groupe d'hommes et de femmes, l'adjectif s'écrit toujours au masculin pluriel.

(À SUIVRE)

❶ Termine la bulle de l'adjectif.
Écris si le pronom personnel est employé au masculin ou au féminin.

Je suis désolé : _____ — Vous êtes géniales : _____

Nous sommes sérieuses : _____ — Tu es poli : _____

❷ Termine la bulle de l'adjectif. Qui est désigné par le pronom personnel ?

Est-ce que vous êtes attentifs ? _____

Nous sommes sûres de la réponse. _____

❸ Récris la phrase. Le pronom doit désigner une fille.

Je suis décidé à faire du judo cette année.

_____

❹ Recopie la phrase. Remplace *Agathe* par *Guillaume*.

Agathe est souriante. Elle est amusante et affectueuse.

_____

LE MOT DU JOUR

Le cafard est un petit insecte brun qui vit dans l'obscurité.

Avoir _____, c'est être triste.

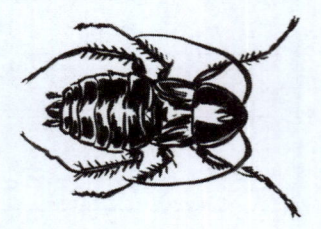

10 CONJUGAISON — Pages 98 et 99 du manuel

Le présent des verbes du 2ᵉ groupe

Tu connais déjà les verbes du premier groupe.

• Les verbes dont l'infinitif se termine par **-ir** et qui se conjuguent comme *finir* forment le **deuxième groupe de conjugaison**.
Au pluriel, on entend *-issons, -issez, -issent*.

• Tous les autres verbes appartiennent au **troisième groupe de conjugaison**.
Ils n'ont pas tous le même infinitif.

(À SUIVRE)

Complète les bulles.

finir		réussir	
je fini◯	nous finiss◯	je réussi◯	nous réussiss◯
tu fini◯	vous finiss◯	tu réussi◯	vous réussiss◯
il, elle fini◯	ils, elles finiss◯	il, elle réussi◯	ils, elles réussiss◯

❶ Classe les verbes dans le tableau.

1. fleurir – partir – prendre – ralentir – recevoir – remplir
2. bondir – découvrir – enrichir – garnir – mentir – venir

verbes du 2ᵉ groupe	verbes du 3ᵉ groupe

❷ Écris un pronom personnel de conjugaison qui convient.

1. _____ garnis le plat avec des feuilles de salade.

2. Théo est timide. _____ rougit souvent quand on l'interroge.

❸ Récris chaque phrase avec le pronom personnel de conjugaison qu'on te donne.

L'avion atterrit à 10 heures.

Nous : _____

À la fin du concert, les spectateurs applaudissent.

Je : _____

LE MOT DU JOUR

Le cresson est une plante aux feuilles rondes qui pousse dans l'eau.

On mange _____ en soupe ou en salade.

10 VOCABULAIRE

Pages 100 et 101 du manuel

Le champ lexical

Un mot peut nous faire penser à beaucoup d'autres.
Quand on lit :
– on comprend parce que l'on retrouve dans le texte des choses que l'on connaît déjà ;
– on apprend parce qu'on découvre des informations nouvelles.

1 Pense au mot *ami*.

Complète l'étoile du sens avec huit mots.

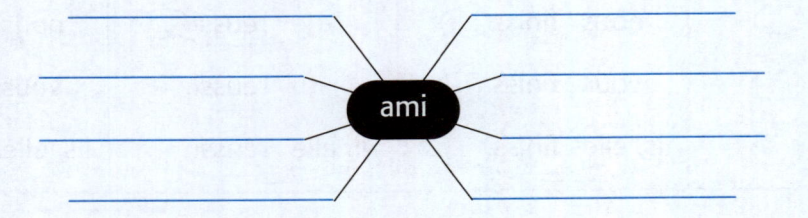

ami

Écris un poème avec ces mots. Utilise un mot par vers.

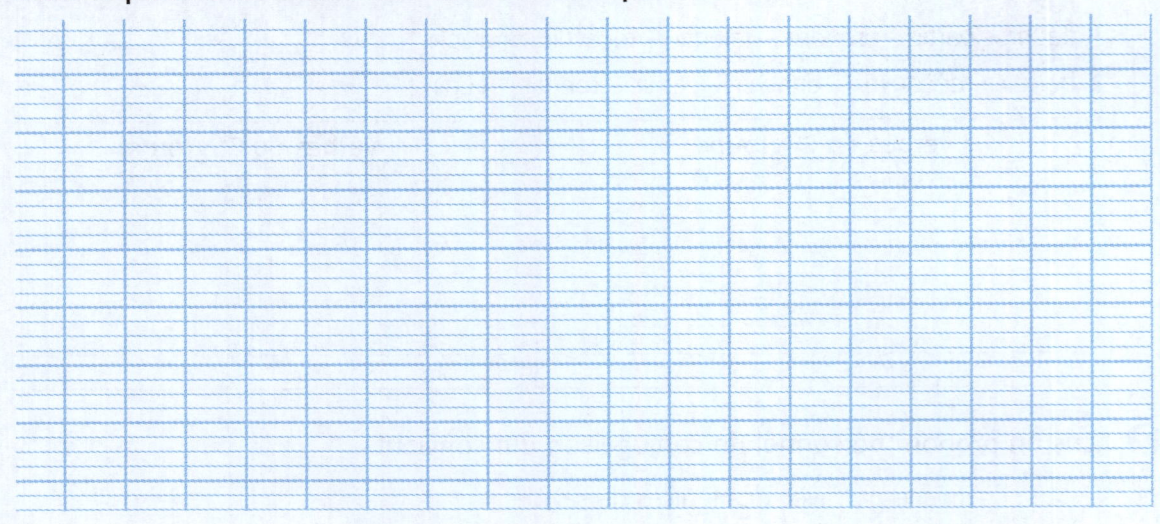

2 Trouve le mot qui va au centre de l'étoile du sens.

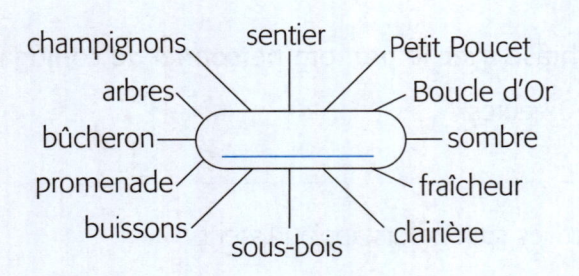

champignons, sentier, Petit Poucet, arbres, Boucle d'Or, bûcheron, sombre, promenade, fraîcheur, buissons, sous-bois, clairière

LE MOT DU JOUR

Le gouvernail est une pièce qui sert à diriger les bateaux ou les avions.

Écris le verbe de la famille de *gouvernail* : _____

11 GRAMMAIRE   PAGES 106 ET 107 DU MANUEL

L'adjectif (4) : la formation du féminin

Tu sais déjà qu'au féminin et au singulier, les adjectifs se terminent toujours par un **e**.

- **On entend souvent le changement entre le masculin et le féminin.**

Trace les bulles : un couloir   étroit   –   une porte   étroite

- **Parfois, on n'entend pas le changement.** Il faut bien faire attention au groupe nominal.

Trace les bulles : un joueur   déçu   –   une équipe   déçue

- **D'autres fois encore, l'adjectif s'écrit déjà avec un e au masculin.** Rien ne change. La bulle reste vide.

Trace les bulles : un   énorme   gâteau   –   une   énorme   glace

❶ Complète les bulles des adjectifs.

1. Le parchemin est une peau fin◯ et résistant◯ sur laquelle on écrivait.

2. Avec les fraises on peut faire des salades coloré◯ et rafraîchissant◯ .

❷ Écris un groupe nominal qui convient.

1. _____ cassées   2. _____ noire

3. _____ moqueur   4. _____ triste

5. _____ vivantes   6. _____ agiles

❸ Relève les adjectifs et classe-les.

Mes amis habitent au bout d'un chemin ombragé. Leur maison est longue et basse, avec des volets verts. Elle est accueillante, dans son petit verger fleuri. À l'automne on y récolte des poires juteuses, des pommes croquantes, des raisins sucrés.

masculin singulier	masculin pluriel	féminin singulier	féminin pluriel

LE MOT DU JOUR

Un objet **translucide** laisse passer la lumière,
mais il n'est pas transparent : on ne voit pas à travers.
Au plafond de la salle de bains
il y a un globe _____ .

11 CONJUGAISON — Pages 108 et 109 du manuel

Le présent de quelques verbes fréquents du 3ᵉ groupe (1)

Aller, faire, dire, lire, savoir, pouvoir, vouloir sont des verbes du 3ᵉ groupe.

- On inscrit dans la bulle les marques de conjugaison qui sont régulières.

je …s – je …x	je dis – je fais – je veux
tu …s – tu …x	tu sais – tu lis – tu peux
il, elle …t	elle veut – il sait – il fait
nous …ons	nous voulons – nous faisons – nous lisons
vous …ez	vous voulez – vous savez – vous pouvez
ils, elles …ent	ils peuvent – elles savent
ils, elles …ont	ils font

- Quand la terminaison est irrégulière, on écrit tout le verbe dans la bulle, pour bien mémoriser son orthographe : faire : vous faites – dire : vous dites

(À SUIVRE)

❶ Complète chaque phrase avec le verbe *faire*.

1. Mon frère n'a que cinq ans, mais il _____ déjà du piano.

2. Mon copain et moi nous _____ partie du même club.

3. – Vous _____ des merveilles au combat, dit le Roi à Monsieur de Turenne.

– Sire, répondit Monsieur de Turenne, je _____ seulement mon devoir.

❷ Complète avec le pronom personnel qui convient. Trace les bulles.

1. Le nouveau ne parle pas bien le français, mais _____ comprends ce qu'_____ dit.

2. Les loups communiquent de différentes façons. _____ peuvent hurler, gronder et même aboyer. Mais _____ savent aussi se faire comprendre par des mimiques.

❸ Récris en remplaçant *tu* par *vous*.

Tu dis très bien cette poésie. Est-ce que tu veux la présenter pour la fête ?

_____

_____

LE MOT DU JOUR

Un magazine est un journal illustré qui paraît chaque semaine ou chaque mois.

Un _____, c'est aussi une émission régulière consacrée à l'actualité.

34 • UNITÉ 11

11 VOCABULAIRE   Pages 110 et 111 du manuel

Différents sens pour un même mot

> **Un mot peut avoir plusieurs sens.**
> Quand un mot a plusieurs sens, les mots qui l'entourent permettent le plus souvent de savoir dans quel sens il est employé.

❶ Lis cet article de dictionnaire.

Recopie le sens du mot *herse* dans cette phrase.

Quand les ennemis approchaient, les défenseurs du château fort relevaient le pont-levis et abaissaient la herse.

> ***herse** n. f. **1.** Instrument agricole muni de dents ou de disques de métal, tiré par un tracteur, qui sert à briser les mottes de terre. **2.** Lourde grille munie de grosses pointes orientées vers le bas, suspendue à l'entrée d'un château fort.
>
> Dictionnaire *Le Robert Junior* © Robert Junior 2006.

_____

_____

❷ Écris une phrase-exemple pour chaque sens du mot *peine*.

1. chagrin, tristesse

_____

2. effort, fatigue

_____

3. punition, sanction

_____

❸ Complète : c'est toujours le même mot, avec cinq sens différents.

1. Les fortes _____ de neige ont bloqué la route.

2. Une cascade est une _____ d'eau.

3. Thomas a fait une mauvaise _____ : il s'est cassé un doigt.

4. La Révolution française de 1789 a entraîné la _____ de la royauté.

5. Le patchwork est une couverture réalisée avec des _____ de tissu.

LE MOT DU JOUR

Un précipice est un trou très profond, avec des parois à pic.

Tout le long de la route de montagne, un épais muret protège les automobilistes d'une chute dans le _____.

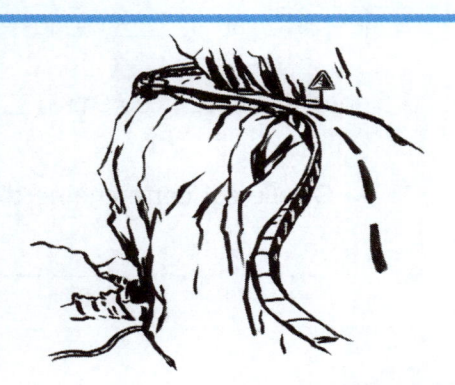

12 RÉVISIONS — Pages 116 à 118 du manuel

Ce que tu sais sur les chaînes d'accords

1 Trace les bulles.

une bouteille vide – un verre vide – le centre aéré – une pièce aérée

un travail correct – une réponse correcte – une tomate cuite – un rôti cuit

une malle pleine – un coffre plein – un orateur bavard – une pie bavarde

→ Quelle est cette chaîne d'accord ?

_____

2 Trace les bulles.

des nouveaux journaux – des informations nouvelles

une mission difficile – des problèmes difficiles

le sel fin – des fines herbes – une crème glacée – des gâteaux glacés

→ Quelle est cette chaîne d'accord ?

_____

3 Conjugue au présent. Trace les bulles.

(pleurer) je _____ – *(rire)* tu _____ – *(vouloir)* elle _____

(pouvoir) nous _____ – *(réagir)* vous _____ – *(jouer)* ils _____

→ Quelle est cette chaîne d'accord ?

_____

4 Trace la bulle des adjectifs. Écris ce que tu sais des pronoms personnels de conjugaison : masculin (*M*) ou féminin (*F*) ? singulier (*S*) ou pluriel (*P*) ?

je suis gai (____) – tu es ennuyée (____)

nous sommes contents (____) – vous êtes contentes (____)

→ Quelle est cette chaîne d'accord ?

_____

13 GRAMMAIRE   PAGES 122 ET 123 DU MANUEL

Les expansions du groupe nominal

- Un groupe nominal peut être long, et même très long, si on l'étend beaucoup.

Étends ce groupe nominal :

La porte _____ est fermée.

- Le plus petit groupe nominal, c'est le nom avec son déterminant.
On peut toujours l'étendre, mais on ne peut rien lui enlever.
Tu le connais depuis le début de l'année.
On l'appelle le **groupe nominal minimal**.

Encadre le groupe nominal minimal qui est étendu :

Je réponds à mes camarades de classe qui me posent des questions.

(À SUIVRE)

1 Surligne tout ce qui étend chaque groupe nominal minimal.

Pour commencer à écrire l'histoire de ta ville, tu peux faire une enquête sur le nom des rues, rechercher des événements importants, demander à tes parents de te raconter leurs souvenirs d'enfance, interroger des personnes âgées qui vivent ici depuis longtemps.

2 Récris les phrases : étends le groupe nominal minimal en gras.

1. Derrière l'immeuble il y a **une maison**.

_____

2. J'ai raté **le bus**.

_____

3. Est-ce que tu connais **le titre** ?

_____

3 Dans les groupes nominaux en gras, trace la bulle du groupe nominal minimal qui a été étendu.

1. **L'apprentissage d'une langue étrangère** est obligatoire pour tous les élèves.

2. Chacun devrait faire **trente minutes d'activité physique quotidienne** .

LE MOT DU JOUR

Un tyran est un homme qui gouverne un pays en employant la force et la crainte.

On appelle aussi _____ une personne très autoritaire qui rend la vie pénible aux autres.

UNITÉ 13 • 37

13 CONJUGAISON — Pages 124 et 125 du manuel

Le présent des verbes du 3ᵉ groupe (2)

❶ Complète les tableaux de conjugaison.

sortir	battre	offrir	tenir
je sor**s**	je bat**s**	j' offr**e**	je tien**s**
tu sor**s**	tu bat**s**	tu _____	tu _____
il, elle _____	il, elle ba**t**	il, elle _____	il, elle _____
nous _____	nous batt**ons**	nous _____	nous ten**ons**
vous _____	vous _____	vous _____	vous _____
ils, elles _____	ils, elles _____	ils, elles _____	ils, elles tienn**ent**

❷ Écris un pronom personnel qui convient. Trace la bulle des verbes.

1. _____ viens avec toi
2. Est-ce que _____ prends du dessert ?
3. Sa cheville est enflée. _____ souffre beaucoup.
4. Cette année, _____ apprenons l'anglais.
5. À la brocante, _____ vends mes vieux jouets.
6. À midi, _____ mettez le couvert et _____ sers le repas.

Le soir, _____ mets le couvert et _____ servez le repas.

❸ Encadre les verbes qui se conjuguent comme *ouvrir*.

sentir – découvrir – dormir – prévenir – souffrir – cueillir – couvrir – fleurir

❹ Écris une phrase : conjugue le verbe qu'on te donne au présent.

revenir _____

combattre _____

entendre _____

offrir _____

LE MOT DU JOUR

Les carabistouilles sont des histoires, des mensonges que l'on raconte pour rire.

Quand on me demande ce que j'ai mangé à la cantine,

je raconte _____.

13 VOCABULAIRE Pages 126 et 127 du manuel

Les homophones (1)

Des mots qui se prononcent de la même façon s'appellent **des homophones**.
- Parfois ils s'écrivent de la même façon.

Écris un nom homophone du verbe *(il) joue* : _____

- Parfois ils ont des orthographes différentes.

Écris un nom homophone du nom *(le) champ* : _____

(À SUIVRE)

1 Dans les phrases suivantes, un mot a été remplacé par un homophone.
Barre-le, puis écris le bon mot avec son orthographe correcte.

1. Peux-tu me donner une tranche de pin ? _____

2. À la cantine, nous avons mangé des petits poids. _____

3. Je sèmerai les graines dans des peaux. _____

4. Range le ballet dans le placard. _____

5. Aimez-vous les pattes à la sauce tomate ? _____

2 Écris ces mots homophones à leur place.

travail – travaille

Montrez-moi votre _____. Mon père _____ à l'usine.

réveil – réveille

Je me _____ quand mon _____ sonne.

3 Écris ces noms homophones à leur place.

1. *un page – une page*

Autrefois, _____ était un jeune garçon au service d'un seigneur.

Mon livre est déchiré, il manque _____.

2. *un manche – une manche*

Un couteau se compose d' _____ et d'une lame.

Victor a perdu _____, mais il a gagné le match.

LE MOT DU JOUR

Le mât de cocagne était un très haut poteau de bois
glissant avec des cadeaux suspendus au sommet.
Le jeu consistait à essayer d'y grimper pour les décrocher.

UNITÉ 13 • 39

14 GRAMMAIRE — Pages 132 et 133 du manuel

Le complément du nom

> • Le **complément du nom** étend le groupe nominal.
> Un complément du nom se compose :
> – **d'un mot invariable** : *à, pour, de, avec, en, sans, sur, dans,* etc.
> – **suivi d'un groupe nominal** ou **d'un nom** tout seul ou **d'un verbe à l'infinitif**.
>
> Complète avec des compléments du nom :
>
> une histoire de _____ – une histoire pour _____
>
> la maison dans _____ – la maison avec _____
>
> • Les mots invariables *à, pour, de, avec, en, sans, sur, dans,* etc.
> s'appellent des **prépositions**.
> Attention ! Quelquefois *de* et *à* sont combinés avec le déterminant.
>
> Écris la forme qui convient :
>
> les tours ~~de le~~ château : les tours _____
>
> les épines ~~de les~~ rosiers : les épines _____   (À SUIVRE)

❶ Complète avec un complément du nom.

une championne _____

une chaise _____

un outil _____

❷ Surligne les compléments du nom qui étendent les groupes nominaux minimaux en gras. Encadre les prépositions.

Egan suivait Ada de stand en stand… Celui de Sérapion **le marchand** de bougies manquait franchement d'intérêt, et **les boutons** de la mercière n'étaient guère plus affriolants. Juste à côté, en revanche, passé **un fouillis** de foulards, **ces colliers** de toutes les couleurs étaient **un régal** pour l'œil.

NATALIE BABBITT, *Le Mugigruff* © Castor Poche Flammarion.

❸ Trace toutes les bulles.

Je connais bien les oiseaux de mon jardin.

LE MOT DU JOUR

Le chaume est la paille qui reste dans les champs après la moisson.

Complète : trouve un mot de la famille de *chaume*.

Les maisons au toit couvert de chaume s'appellent des _____.

14 CONJUGAISON — Pages 134 et 135 du manuel

Le présent de l'impératif

- Pour dire à quelqu'un ce qu'il doit faire, on emploie souvent **le présent de l'impératif**.
À l'impératif, il n'y a pas de pronoms personnels de conjugaison, mais il y a des personnes de conjugaison :
la 2ᵉ personne du singulier, la 1ʳᵉ et la 2ᵉ personnes du pluriel.

- **Au singulier,**
– les verbes du premier groupe se terminent toujours par e.

Complète : marcher → _____ – sauter → _____

– les verbes des autres groupes se terminent toujours par s.

Complète : courir → _____ – descendre → _____

Il y a une exception que tu emploies souvent : *aller → va*.

- **Au pluriel**, les verbes se conjuguent comme avec *nous* et *vous* au présent.

Complète : lancer → lançons, lancez – battre → _____

Il y a des exceptions que tu emploies souvent :
être → soyons, soyez – avoir → ayons, ayez

(À SUIVRE)

❶ Recopie la liste du ménage à faire.
Écris les verbes à l'impératif. Choisis la personne.

Passer l'aspirateur. _____

Étendre le linge. _____

Remplir le lave-vaisselle. _____

Finir le repassage. _____

❷ Recopie les phrases avec la personne de conjugaison que l'on te donne.

1. Aidez-moi ! *(2ᵉ personne du singulier)* : _____

2. Restez ensemble. *(1ʳᵉ personne du pluriel)* : _____

3. Écris le résumé. *(2ᵉ personne du pluriel)* : _____

4. Allumez la radio ! *(2ᵉ personne du singulier)* : _____

LE MOT DU JOUR

Une chaloupe est un petit bateau entièrement ouvert.
Le mot _____ vient d'un vieux mot français qui signifie coquille de noix.

LE PETIT MATELOT

On mit la _____ à l'eau,
Sur les flots de la mer indienne,
Pour vite le tirer des flots,
Oh, oh, oh, oh, petit matelot.

Chanson de marin du XVIIIᵉ siècle.

14 VOCABULAIRE — Pages 136 et 137 du manuel

Les noms composés

> Les **noms composés** sont des noms formés de plusieurs mots.
> Comme tous les noms, ils ont leur définition dans le dictionnaire.
>
> Recopie la définition :
> salle de bains : _____
>
> Beaucoup de noms composés s'écrivent avec un trait d'union.   (À SUIVRE)

❶ Écris le nom composé devant sa définition :

| croche-pied | pince-sans-rire | casse-noix | point de vue |

_____ : petit instrument pour casser les noix.

_____ : manière de faire tomber quelqu'un en accrochant sa jambe avec le pied.

_____ : endroit élevé d'où l'on a une belle vue.

_____ : personne qui dit des choses drôles sans rire, en gardant un air sérieux.

❷ Avec un mot de chaque liste, retrouve des noms composés.
Écris-les au singulier et au pluriel. Trace les bulles.

a) sortie – quart – serre – station
b) service – secours – heure – tête

1. _____
2. _____
3. _____
4. _____

❸ Écris à ta manière la définition de :

lance-pierre n.m. _____
_____

radio-réveil n.m. _____
_____

LE MOT DU JOUR

Un chasse-neige est un véhicule équipé d'une lame qui écarte la neige sur les côtés des routes.

15 GRAMMAIRE — Pages 142 et 143 du manuel

Les expansions introduites par qui et que

- **Qui** et **que** sont **des pronoms**.
Ils reprennent un groupe nominal minimal. Ils servent à l'étendre.
Ils évitent de le répéter.
- Dans l'expansion introduite par **qui** et **que** il y a toujours un verbe.
  – *Qui* commande toujours le verbe de l'expansion.
  – *Que* ne commande jamais le verbe de l'expansion.

(À SUIVRE)

> Apprends à inscrire le pronom *qui* dans la chaîne des accords.
> Je regarde les clowns qui arrivent.
>
> 1. *Qui* est un mot invariable. Je le souligne.
> 2. C'est un pronom : il reprend **les clowns**.
> 3. Il y a *-ent* dans la bulle de *arrivent*, parce que ce sont **les clowns** qui arrivent.
>
> Attention ! L'expansion avec *qui* ne termine pas toujours une phrase :
> Les clowns sont drôles.   Les clowns qui arrivent sont drôles.

1 Complète le groupe nominal minimal en gras avec une expansion introduite par *qui*. Trace la chaîne d'accord du pronom.

1. Je ne sais plus le nom de **l'acteur** _____

_____.

2. Les lutins sont **des personnages** _____

_____.

2 Supprime les expansions introduites par *qui* et *que*.

En classe, nous avons réfléchi aux dangers qui menacent la Terre et aux gestes que nous pouvons faire pour préserver l'environnement.

_____

_____

3 Trace toutes les bulles.

Dans le livre que je lis le héros est un enfant qui recherche sa mère .

LE MOT DU JOUR

L'ébène est un bois précieux, noir, très dur et lisse. Elle sert à fabriquer des meubles de luxe.
Trouve un nom de la famille d'*ébène* :
L'artisan qui fabrique des meubles en bois précieux s'appelle un _____.

UNITÉ 15 • 43

15) CONJUGAISON — Pages 144 et 145 du manuel

Le futur (1)

Il y a deux façons de former le futur des verbes :

• **le futur simple**
On forme le futur simple à partir de l'infinitif du verbe.
Dans les terminaisons on entend toujours le *r* de l'infinitif.
Les terminaisons sont les mêmes pour tous les groupes.

• **le futur proche**
Pour tous les groupes, on conjugue le verbe *aller* au présent,
suivi de l'infinitif du verbe.

La conjugaison du futur est la même pour tous les verbes.

(À SUIVRE)

Apprends à inscrire la conjugaison du futur dans la chaîne des accords.

futur simple		futur proche	
je …rai	nous …rons	je vais + infinitif	nous allons + infinitif
tu …ras	vous …rez	tu vas + infinitif	vous allez + infinitif
il, elle …ra	ils, elles …ront	il, elle va + infinitif	ils, elles vont + infinitif

❶ Écris le pronom personnel qui convient. Trace les bulles.

Les cigognes sont arrivées en février. _____ repartiront en août. _____ irons observer la migration en baie de Somme. Est-ce que _____ viendrez avec nous ?

❷ Conjugue au futur simple.

Un jour je *(voler)* _____ avec ma sœur vers le pays imaginaire.

Nous *(retrouver)* _____ Alice et Peter Pan. Ils *(être)* _____ exactement comme dans les livres. Peter Pan *(combattre)* _____ le Capitaine Crochet, et Alice *(discuter)* _____ avec une chenille.

❸ Termine les phrases.

Utilise un verbe conjugué au futur simple ou au futur proche.

1. Avant de partir, _____.

2. Entraîne-toi tous les jours, _____.

LE MOT DU JOUR

L'aquarelle est une peinture à l'eau qui donne des couleurs claires et transparentes.
Cherche dans le dictionnaire deux autres mots qui commencent par *aqua* :

_____

15 VOCABULAIRE

Pages 146 et 147 du manuel

Les homophones (2)
et-est   son-sont   à-a   on-ont

Au présent, le verbe *être* a deux homophones :
le mot invariable *et*, le déterminant *son*.

verbe *être*	homophones
Le renard **est** un animal carnivore.	Il a un museau pointu **et** une longue queue.
Les lapins **sont** sa proie préférée.	La nuit, il sort de **son** terrier pour chasser.

Tu as beaucoup de moyens pour ne pas te tromper :
– tu sais changer le temps de la phrase pour trouver le verbe ;
– tu sais reconnaître les déterminants, remplacer un déterminant par un autre ;
– quand on prononce avec soin, *et* se prononce [e], *est* se prononce [ɛ] ;
– tu peux aussi remplacer *et* par *et puis*.

❶ Choisis *et* ou *est*, *son* ou *sont*. Puis, écris dans les parenthèses :
verbe *être* (V) ou déterminant (D), ou mot invariable (I).

1. Une macédoine _____ (__) un dessert composé de fruits coupés en petits morceaux _____ (__) servis dans un sirop.

2. Le châtaignier _____ (__) un grand arbre des forêts. _____ (__) écorce _____ (__) rouge, _____ (__) feuillage _____ (__) épais _____ (__) ses fruits _____ (__) délicieux quand ils _____ (__) grillés.

Au présent, le verbe *avoir* a deux homophones :
la préposition *à*, le pronom *on*.

verbe *avoir*	homophones
Pierre **a** un ordinateur.	Aujourd'hui je mange **à** la cantine.
Les arbres **ont** des feuilles.	**On** range les tables.

Tu as beaucoup de moyens pour ne pas te tromper :
– tu sais changer le temps de la phrase pour trouver le verbe ;
– tu sais trouver le pronom ou le groupe nominal qui commande le verbe ;
– tu sais remplacer *on* par *il* ou *elle*, ou par un groupe nominal.

❷ Choisis *a* ou *à*, *on* ou *ont*.

1. Autrefois, la nuit, _____ s'éclairait _____ la bougie.

2. Le petit portail est très rouillé. Le maître _____ du mal _____ l'ouvrir.

3. _____ la mer comme _____ la montagne _____ doit songer _____ se protéger du soleil.

Tous les ans, des imprudents _____ la peau et les yeux brûlés.

UNITÉ 15 ● 45

16 RÉVISIONS — Pages 152 à 154 du manuel

Ce que tu sais sur les chaînes d'accords

1 Trace toutes les bulles. Puis surligne la bonne réponse.

les fortifications du château – le sommet de la tour

des salles aux plafonds décorés – le fossé autour des remparts

une protection contre les ennemis – une ville avec des refuges souterrains

→ Le complément du nom ‹ poursuit / interrompt › la chaîne des accords.

2 Trace toutes les bulles. Puis surligne la bonne réponse.

L'hélicoptère survole les alpinistes qui demandent des secours.

Des sauveteurs remontent le blessé qui a une jambe cassée.

→ L'expansion du nom avec *qui* ‹ poursuit / interrompt › la chaîne des accords.

3 Trace les bulles.

un wagon-restaurant – des wagons-restaurants

un bouton d'or – des boutons d'or

un remonte-pente – des remonte-pentes

→ Quelle est cette chaîne d'accord ?
_____

4 Conjugue et trace les bulles. Puis surligne la bonne réponse.

a) au présent

tracer : je _____ – *remplir* : nous _____ – *perdre* : ils _____

b) au futur

tracer : je _____ – *remplir* : nous _____ – *perdre* : ils _____

→ La bulle du verbe contient la marque de la personne de conjugaison.   oui   non

→ La bulle du verbe contient la marque du temps de conjugaison.   oui   non

46 • UNITÉ 16

17 GRAMMAIRE — Pages 158 et 159 du manuel

Le groupe sujet

Depuis le début de l'année, tu sais tracer la bulle du verbe, c'est-à-dire le lien entre le verbe et le groupe nominal minimal qui le commande.

- Le groupe nominal minimal qui commande le verbe s'appelle **le sujet du verbe.**

Trace la chaîne d'accord du verbe avec son sujet.

Les magasins ferment à dix-neuf heures.

- Dans la phrase, **le groupe sujet** c'est le sujet du verbe avec ses expansions quand il en a.

Trace la chaîne d'accord du verbe avec son sujet. Surligne le groupe sujet.

Les magasins de la place de la mairie ferment à dix-neuf heures.

- Tu sais que les pronoms personnels de conjugaison et le pronom *qui* commandent toujours un verbe. Ce sont donc aussi des sujets du verbe.

(À SUIVRE)

❶ Relie la bulle du verbe à son sujet. Surligne le groupe sujet.

1. Le facteur de notre village fai**t** sa tournée à vélo.
2. Les planches qui sont tombées du camion bloqu**ent** la rue.
3. La nouvelle poupée que j'aurai pour mon anniversaire s'appelle**ra** Câline.

❷ Conjugue au présent : trace la chaîne d'accord du verbe avec son sujet et remplis la bulle du verbe.

1. Les passagers du train fantôme hurl◯ dans le noir.
2. La péniche qui livre des cargaisons de sable descen◯ le canal chaque semaine.

❸ La bulle du sujet est faite. Trace la bulle du verbe qu'il commande. Puis surligne le groupe sujet.

1. Les piste**s** cyclables que l'on trace le long des routes faciliteront la circulation.
2. Les jolies chaussure**s** neuves de ma sœur coûtent seulement vingt euros !

❹ Récris en mettant le sujet du verbe au singulier.

Des amis du centre de loisirs fabriquent un avion télécommandé.

LE MOT DU JOUR

Désaltérer, c'est calmer la soif.

L'eau fraîche _____.

17 CONJUGAISON   Pages 160 et 161 du manuel

Le futur (2) Les verbes être, avoir et aller

• Au futur, les verbes **être**, **avoir** et **aller** se conjuguent comme tous les autres verbes.

Conjugue au futur simple :

Quand tu *(être)* _____ guéri, nous *(aller)* _____ à la piscine.

Conjugue au futur proche :

Nous *(avoir)* _____ beaucoup de fruits cette année.

• Au futur simple, on ne reconnaît pas l'infinitif.
Mais les terminaisons sont bien les mêmes que pour tous les autres verbes.

Complète les tableaux de conjugaison.

être	avoir	aller
je se___	j' au___	j' i___
tu se___	tu au___	tu i___
il, elle _____	il, elle _____	il, elle _____
nous _____	nous _____	nous _____
vous _____	vous _____	vous _____
ils, elles _____	ils, elles _____	ils, elles _____

❶ Complète avec le pronom personnel qui convient. Trace les bulles.

1. Est-ce que _____ irons voir nos correspondants ?

2. L'an prochain, _____ auras 9 ans et _____ seras au CM1.

3. Si vous ne vous dépêchez pas, _____ allons être en retard.

4. J'ai mal à la gorge. Je crois que _____ vais avoir une angine.

❷ Écris au futur proche.

1. Vous serez surpris. _____

2. Tu auras peur. _____

3. Ils seront inquiets. _____

LE MOT DU JOUR

• **Le courant** c'est le mouvement de l'eau.

Le nageur imprudent a été emporté par le _____.

• Mais c'est aussi le mouvement de l'air : un _____ d'air.

• Et c'est encore l'électricité : demain matin, il y aura une coupure de _____.

17 VOCABULAIRE — Pages 162 et 163 du manuel

Approche de la définition : le nom

Pour définir un nom, on doit souvent :
– employer le **nom général** qui permet de le situer dans sa classe,
– étendre ce nom général pour apporter des précisions.

Encadre le nom général. Surligne ses expansions.

Cheveu n.m. : poil qui pousse sur le crâne d'un être humain.

❶ Encadre le nom qui situe l'objet dans sa classe.
Surligne la partie de la définition qui apporte des précisions.

dépanneuse n.f. Véhicule qui remorque des voitures en panne.

Écris le nom de deux autres véhicules : _____

fougère n.f. Plante verte à longues feuilles très découpées.

Écris le nom de deux autres plantes : _____

peuplier n.m. Arbre élancé, avec des petites feuilles, qui pousse dans les endroits humides et frais.

Écris le nom de deux autres arbres : _____

❷ Quel est le nom général qui définit :

1. rose, œillet, marguerite, primevère, violette : _____

2. pie, aigle, chouette, moineau, cigogne : _____

3. poissonnerie, épicerie, boucherie : _____

4. puce, pou, moustique, fourmi, perce-oreille : _____

❸ Dans ces expressions, un nom d'animal a été remplacé par sa définition.
Récris les expressions exactes.

Avoir un petit animal domestique à poil doux dans la gorge.

_____

Avoir une mémoire de très grand animal d'Asie à la peau rugueuse, aux grandes oreilles plates et au nez allongé en trompe.

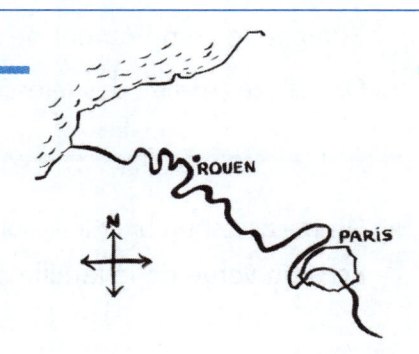

_____

LE MOT DU JOUR

L'amont est la partie d'un cours d'eau comprise entre l'endroit où l'on est et la source.

Paris est en _____ de Rouen : plus près de la source de la Seine que Rouen.

UNITÉ 17 • 49

18 GRAMMAIRE — Pages 168 et 169 du manuel

Le groupe verbal et les compléments de phrase

• Les parties de phrase que l'on peut déplacer complètent toute la phrase.
Ce sont des **compléments de phrase**.

Surligne les compléments de phrase :

Au mois de mai, à la tombée du jour, on entend le bourdonnement des hannetons.

• Dans la phrase, le verbe a souvent des compléments.
Ils sont placés après lui. On ne peut pas les déplacer.

• Le groupe formé par le verbe et ses compléments s'appelle le **groupe verbal**.
Si le verbe n'a pas de complément, il forme le groupe verbal à lui tout seul.

• *Maintenant, tu sais tout sur la phrase :*
**La phrase est composée : – d'un groupe sujet,
– d'un groupe verbal,
– et parfois de compléments de phrase.**

Encadre en bleu le groupe sujet, en vert le groupe verbal.
Surligne les compléments de phrase.

Au mois de mai, à la tombée du jour, on entend le bourdonnement des hannetons.

1 Encadre les compléments de phrase.

Il y a très longtemps, très loin d'ici, dans une des grandes savanes d'Afrique, une

bande de lions passait la nuit sous un baobab.

BJARNE REUTER, *Oscar, à la vie à la mort* © Hachette.

2 Récris la phrase : complète-la avec un complément de phrase (ou plusieurs).

Les souris jouaient à chat perché.

_____

_____

3 Termine la phrase : complète le verbe. Puis encadre le groupe verbal.

En cherchant des cailloux, j'ai trouvé _____

_____

4 Trace la chaîne d'accord du verbe avec son sujet.
Surligne le complément de phrase. Encadre le groupe verbal.

Depuis ce matin, des grosses gouttes de pluie tiède arrosent le jardin.

LE MOT DU JOUR

Un fracas est un bruit très violent.
Écris un verbe de la famille de *fracas* : _____

18 CONJUGAISON — Pages 170 et 171 du manuel

Le futur (3) Quelques verbes fréquents du 3ᵉ groupe

**Quand l'infinitif du verbe se termine par -re,
on forme le futur simple à partir de l'infinitif en supprimant le -e.**

Remplis les bulles.

rire : je ri◯ , nous ri◯ – écrire : tu écri◯ , vous écri◯

perdre : il perd◯ , ils perd◯

❶ Écris le pronom qui convient. Trace la chaîne d'accord.
Puis écris l'infinitif du verbe.

_____ entendrez (_____) – _____ combattras (_____)

_____ attendront (_____) – _____ saurai (_____)

❷ Conjugue au futur simple avec le pronom personnel qu'on te donne.

être : je _____   savoir : je _____

avoir : nous _____   savoir : nous _____

avoir : ils _____   savoir : ils _____   être : ils _____

❸ Conjugue les verbes au futur simple.

Aujourd'hui, la Lune est ronde, c'est la pleine Lune. Mais dès demain, elle (diminuer)

_____. Dans une semaine, nous (voir) _____ seulement

la moitié du disque, et quelques jours plus tard, la Lune (avoir) _____ la forme

d'un fin croissant. Puis elle (disparaître) _____. Ce (être) _____

la nuit de la nouvelle Lune. Dès le lendemain, elle (apparaître) _____

de nouveau sous la forme d'un croissant, qui (devenir) _____ de plus en plus gros

chaque jour. Dans 28 jours, vous (voir) _____ à nouveau la pleine Lune.

LE MOT DU JOUR

Un mégalithe est un monument élevé par les hommes préhistoriques avec une ou plusieurs immenses pierres. Les menhirs et les dolmens sont des _____.

18 VOCABULAIRE — Pages 172 et 173 du manuel

Les synonymes

> • On peut presque toujours remplacer un mot ou une expression par un autre mot ou par une autre expression qui veulent dire à peu près la même chose.
>
> • Les mots, les expressions qui ont presque le même sens s'appellent des **synonymes**.

❶ Écris un synonyme pour le mot en gras.

1. Je me suis fait mal à la cheville. Elle est très **gonflée**. _____

2. À la fin de la journée, les enfants **rassembleront** _____ les seaux, les pelles et les râteaux.

   La marée montante **démolira** _____ les châteaux de sable.

3. Tu **fatigues** _____ tout le monde avec tes histoires !

4. J'ai posé le livre sur **le rayon** _____ du haut de la bibliothèque.

❷ Remplace le verbe en gras par le synonyme qui convient.

s'amuser – interpréter

1. Les petits **jouent** _____ dans le bac à sable.

2. Dans la pièce de théâtre, tu **joueras** _____ le rôle du père.

boire – attraper – emporter

1. Les pêcheurs **ont pris** _____ beaucoup de poissons.

2. Tu **prendras** _____ une cuillerée de sirop trois fois par jour.

3. Il va pleuvoir. **Prends** _____ ton imperméable.

❸ Remplace le verbe *faire* par un synonyme plus précis.

1. Un oiseau ~~fait~~ _____ son nid sous notre toit.

2. La façade de l'école ~~fait~~ _____ plus de 100 mètres de long.

3. Est-ce que vous avez su ~~faire~~ _____ vos exercices ?

4. Pour illustrer la poésie, je vais ~~faire~~ _____ un cheval dans un pré.

LE MOT DU JOUR

Les accessoires sont des objets qui peuvent être très utiles, mais qui ne sont pas indispensables.

Un étui pour protéger son appareil photo est un _____ très utile.

19 GRAMMAIRE — Pages 178 et 179 du manuel

Les types de phrases

Il y a quatre types de phrases.
- Celles qui posent une question et se terminent par un point d'interrogation **?**.
Ce sont **les phrases interrogatives**.

Écris une phrase interrogative.

_____

- Celles qui expriment une émotion, un étonnement, une insistance, et se terminent par un point d'exclamation **!**. Ce sont les **phrases exclamatives**.

Écris une phrase exclamative.

_____

- Celles qui donnent un ordre, ou un conseil avec un verbe à l'impératif, et se terminent par un point simple (ou un point d'exclamation si on insiste). Ce sont les **phrases impératives**.

Écris une phrase impérative.

_____

- Toutes les autres phrases. Elles se terminent par un point simple **.**.
Ce sont les **phrases déclaratives**.

● Souligne en bleu les phrases impératives, en rouge les phrases interrogatives, en vert les phrases exclamatives.

Catastrophe pour le signor Pimelli, chanteur d'opéra ! Ce soir-là, sur la plus grande scène d'opéra d'Italie, il ne fait que des couacs.

Enfermé dans sa loge, il ne parvenait pas à comprendre comment cela avait pu se produire. Il se souvenait certes d'avoir déjà commis quelques fausses notes, mais là ! Devant son public ! À la Scala ! Non, il ne pouvait le comprendre.

– Et tout cela, se lamentait-il, à cause d'un chat dans la gorge, d'un stupide chat dans la gorge !

– C'est bien cela. Tu dis juste : un chat dans la gorge, lui répliqua une étrange petite voix.

– Comment ? s'écria l'infortuné chanteur en portant une main à son cou.

– Oui, un chat, reprit du fond de sa gorge l'étrange petite voix. Celui-là même que tu as tué l'autre soir sur le toit de l'hôtel. Te souviens-tu ?… Tranquillise-toi ! Je ne suis pas venu troubler ton récital dans le seul but de me venger.

J.-P. RONSSIN, *La vengeance du chat Mouzoul* © Gallimard.

LE MOT DU JOUR

Une bécassine est un tout petit oiseau au bec long et pointu.

La _____ vit dans les marais.

19 CONJUGAISON — Pages 180 et 181 du manuel

L'imparfait et le passé composé

- **L'imparfait** et **le passé composé** sont deux temps du passé.
- **Le passé composé** est une conjugaison composée de deux parties.
Quand tu racontes, tu sais utiliser ensemble l'imparfait et le passé composé.
- **L'imparfait** sert à décrire ou à présenter les circonstances, le cadre des événements.
On était sur le banc et on lisait tranquillement.
- **Le passé composé** sert à raconter les événements.
Il est arrivé et il a commencé à nous embêter.

(À SUIVRE)

❶ Surligne en vert les verbes conjugués à l'imparfait, en jaune les verbes conjugués au passé composé.

Anaïs descendait la pente sur son vélo. Elle allait vite, trop vite. Ses freins venaient de casser et elle laissait traîner ses pieds sur la route pour essayer de ralentir. Dans le virage une famille de canards traversait. Anaïs a eu peur, elle a crié, elle a tourné brusquement son guidon pour éviter un poussin jaune, et elle est tombée.

**❷ Encadre les verbes conjugués.
Surligne en jaune la partie du texte qui présente le cadre de l'événement.**

J'étais en train de lire un roman policier. J'arrivais au moment où Hugo, le détective, retrouvait la trace des voleurs et pénétrait dans leur repaire. Soudain mon chien est entré en courant dans ma chambre ; il a renversé une chaise, il s'est précipité sur moi et il a posé ses pattes sur mes épaules. À ce moment, la porte de la chambre a claqué. J'ai eu peur et j'ai hurlé. Ma mère est arrivée et elle a demandé calmement : « Qu'est-ce qui se passe ? ».

❸ Encadre la forme du verbe qui convient.

Je me *suis battu / battais* avec les chiffres d'une multiplication quand

le nouveau *entrait / est entré* dans la classe.

En le voyant, les copains et les copines *éclataient / ont éclaté* de rire.

M.-H. DELVAL, *L'enfant qui voulait être un chien* © Bayard Presse.

LE MOT DU JOUR

Une jarre est un grand pot de terre cuite dans lequel on conservait l'eau ou l'huile.
Ne confonds pas une ⎯⎯⎯⎯ et **un jars**, le mâle de l'oie.

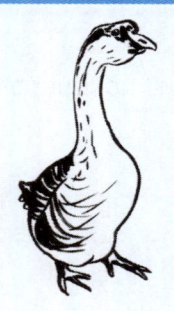

19 VOCABULAIRE — Pages 182 et 183 du manuel

Dire le contraire (1)

- **Parfois les mots de sens contraire appartiennent à la même famille.**

Écris le contraire de :

ranger : _____ – possible : _____

On forme ces mots en ajoutant devant le mot de base un préfixe qui indique le contraire *(in-, il-, ir-, dé-, mal-)*.

- **Parfois ils sont tout à fait différents.**

Écris le contraire de :

partir : _____ – loin : _____

(À SUIVRE)

❶ Pour faire le beau temps, remplace les mots en gras par leur contraire.

ciel **couvert** : ciel _____ – nuit **froide** : nuit _____

températures en **baisse** : températures en _____

nuages **abondants** : nuages _____

❷ Écris le contraire de :

allumer : _____ – ajouter : _____

attentif : _____ – étroit : _____ – début : _____

gonfler : _____ – habiller : _____ – chance : _____

❸ Remplace le mot en gras par le contraire qui convient.

du linge **sec** : _____ – du pain **sec** : _____

Les prix **baissent**. _____ – **Baisse** la vitre de la voiture. _____

❹ Classe ces mots dans le tableau.

distraire – ennuyer – fatiguer – divertir

contraires de *amuser*	synonymes de *amuser*

LE MOT DU JOUR

Une enluminure est un petit dessin peint à la main qui orne les manuscrits anciens.

On admire toujours les _____ des manuscrits du Moyen Âge.

20 GRAMMAIRE — Pages 188 et 189 du manuel

Phrases affirmatives et phrases négatives

• Toutes les phrases ont deux formes :
une forme affirmative et **une forme négative**.

• Pour transformer la phrase affirmative en phrase négative, on encadre le verbe par la négation :
ne (n') … pas, ne (n') … plus, ne (n') … jamais, etc.

Vous n'aimez pas pas le chocolat ? – Ne dites rien.
Je ne veux plus entendre un mot !

Quand on parle, on ne dit pas toujours le ne de la négation.
Quand on écrit, on ne doit pas l'oublier.

(À SUIVRE)

① Dans ces vers de fables de La Fontaine, encadre la négation.

1. La fourmi n'est pas prêteuse.
2. Le corbeau, honteux et confus,
   Jura, mais un peu tard, qu'on ne l'y prendrait plus.
3. Un bienfait n'est jamais perdu.
4. Ne soyons pas si difficiles.
5. Il ne faut point juger des gens sur l'apparence.

② Écris à la forme négative.

1. Mets le couvert ! On a faim !

_____

2. Nous mangeons toujours les fruits avant le repas.

_____

③ Écris à la forme affirmative.

N'écoutez jamais ce que disent les autres.

_____

④ Surligne la phrase qui répond le mieux à la question.

Veux-tu encore un peu de chocolat ?

1. Non merci, je n'en veux plus.   2. Non merci, je ne veux pas.

LE MOT DU JOUR

Les échasses sont de longs bâtons qui permettent de marcher en ayant les pieds au-dessus du sol.

Dans la famille de _____, on trouve le nom des oiseaux qui ont de longues pattes : les _____.

UNITÉ 20

20 CONJUGAISON   Pages 190 et 191 du manuel

L'imparfait

À l'imparfait, tous les verbes se conjuguent de la même façon.

je …ais	nous …ions
tu …ais	vous …iez
il, elle …ait	ils, elles …aient

Complète les tableaux de conjugaison.

viser	saisir	prendre
je vis_____	je saisiss_____	je pren_____
tu vis_____	tu _____	tu _____
il, elle _____	il, elle _____	il, elle _____
nous vis_____	nous saisiss_____	nous pren_____
vous _____	vous _____	vous _____
ils, elles _____	ils, elles _____	ils, elles _____

1 Écris le pronom personnel qui convient. Trace les bulles.

Rappelle-toi, l'an dernier _____ étions responsables du jardin. Pendant que _____ tondais la pelouse, _____ arrosais les fleurs.

2 Conjugue à l'imparfait. Trace les bulles.

Les Iroquois *(construire)* _____ d'immenses maisons en bois et en écorce.

Elles *(mesurer)* _____ parfois 60 mètres de long.

Elles *(accueillir)* _____ plusieurs familles qui *(vivre)* _____ dans des pièces séparées. Au centre, la cuisine *(être)* _____ collective.

3 Conjugue à l'imparfait.

1. *commencer* : je _____, nous _____
2. *mélanger* : il _____, ils _____
3. *oublier* : j'_____, vous _____
4. *envoyer* : il _____, vous _____

LE MOT DU JOUR

Le bouleau est un arbre à l'écorce blanche.

Ne confonds pas le _____ et **le boulot**, mot familier synonyme du nom *travail*.

20 VOCABULAIRE

Pages 192 et 193 du manuel

Dire le contraire (2)

- Quand tu veux dire le contraire de quelque chose, tu sais utiliser
  – la forme négative de la phrase,
  – un mot de sens contraire.
- Quelquefois le sens est exactement le même, quelquefois il est très différent. Quand tu lis, il faut parfois réfléchir pour bien comprendre les phrases négatives.

❶ Récris ces phrases : a) à la forme négative
b) en remplaçant le mot en gras par son contraire.
Quand tes deux phrases ont exactement le même sens, surligne-les.

1. On a coupé le gâteau en parts **égales**.

_____

_____

2. Je suis arrivé **au début** du film.

_____

_____

❷ Récris cette phrase à la forme négative.

1. Le matin je me lève tôt. _____

Remplace le mot en gras par son contraire.

2. **Le matin** je me lève tôt. _____

3. Le matin je **me lève** tôt. _____

4. Le matin je me lève **tôt**. _____

Compare les quatre phrases. Surligne celles qui ont exactement le même sens.

❸ Choisis la bonne réponse.

Je lis…	cela signifie…		
1. On n'a pas ajouté de sucre dans le jus de fruits.	On a enlevé du sucre dans le jus de fruits.	oui	non
2. Mon verre n'est pas plein.	Mon verre est vide.	oui	non
3. Cet endroit n'est pas agréable.	Cet endroit est désagréable.	oui	non

LE MOT DU JOUR

Une devise est une phrase qui exprime un idéal, ou une règle de conduite.

La _____ des Trois Mousquetaires était : *Un pour tous, tous pour un !*

21 GRAMMAIRE — Pages 198 et 199 du manuel

Les phrases interrogatives (1)

Il y a deux sortes de phrases interrogatives.

On peut répondre par *oui* ou par *non*.	On ne peut pas répondre par *oui* ou par *non*.
• **La question porte sur toute la phrase.** *Est-ce que les photos sont belles ?* On dit aussi : *Les photos sont belles ?* • **On répond :** *Oui.* Tout le monde comprend : **Les photos sont belles.** • **On peut développer la réponse :** *Oui, les photos sont belles.* *Oui, elles sont belles.*	• **La question porte sur une partie de la phrase.** **À quelle date** *l'été arrive-t-il ?* On dit aussi : *L'été arrive* **à quelle date** *?* • **On répond :** *Le 21 juin.* Tout le monde comprend : *L'été arrive* **le 21 juin.** La réponse est une partie de la phrase. • **On peut développer la réponse :** *L'été arrive le 21 juin.* *Il arrive le 21 juin.*
Répondre à une question, c'est apporter l'information demandée. Quand on parle, on répond souvent en donnant seulement cette information.	

(À SUIVRE)

● **Lis ce texte.**

Louis Pasteur est né en 1822 à Dole dans le Jura. Il n'était pas médecin, mais il est devenu célèbre dans le monde entier quand il a inventé la vaccination et guéri des enfants mordus par des chiens enragés. Il a inventé aussi une manière de conserver les aliments : on les chauffe pour tuer les bactéries, puis on les refroidit brusquement. C'est ainsi que l'on fait le lait *pasteurisé*.

a) Réponds aux questions en donnant juste l'information demandée.

Où est né Louis Pasteur ? _____

Louis Pasteur était-il médecin ? _____

Qu'a-t-il inventé ? _____

_____

Comment fait-on le lait pasteurisé ? _____

_____

b) Pose une question à laquelle on peut répondre par *oui* ou par *non*.

_____

c) Pose une question à laquelle on ne peut pas répondre par *oui* ou par *non*.

_____

21 CONJUGAISON — Pages 200 et 201 du manuel

Le passé composé (1)

• Un verbe conjugué au **passé composé** est **composé de deux parties** :
le verbe *être* ou le verbe *avoir* conjugué au présent + le participe passé du verbe.

• Quand le verbe *être* ou le verbe *avoir* aident à conjuguer un autre verbe, on les appelle des **auxiliaires**.

> Apprends à inscrire les verbes conjugués au passé composé dans la chaîne des accords.
>
> • Avec l'auxiliaire *être*, le participe passé s'accorde toujours avec le sujet du verbe, exactement comme un adjectif.
> Il faut donc se poser les questions : masculin ou féminin ? singulier ou pluriel ?
>
> Mon frère est tombé.   Les photos sont arrivées.   Nous sommes sortis.
>
> ① Je rassemble les deux parties du verbe.
> ② Je trace la bulle du sujet.
> ③ Je trace la bulle de l'auxiliaire *être*. Il s'accorde avec le sujet.
> ④ Je trace la bulle du participe passé. Il s'accorde avec le sujet exactement comme un adjectif.
>
> • Avec l'auxiliaire *avoir*, le participe passé ne s'accorde jamais avec le sujet du verbe.
>
> J'ai refermé. Il a montré. Elle a couru. Ils ont chahuté. Nous avons fini.

❶ **Complète avec un pronom qui convient. Trace les bulles.**

_____ a vu – _____ est partie – _____ avons pris – _____ êtes tombés

❷ **Conjugue au passé composé.**

Est-ce que tu *(lire)* _____, ou est-ce que tu *(voir)* _____ au cinéma, Les malheurs de Sophie ? Au XIXᵉ siècle la comtesse de Ségur *(écrire)* _____ cette histoire pour ses petits enfants. Au début du roman on fait la connaissance d'une petite fille gourmande qui *(manger)* _____ trop de tartines de crème fraîche, et qui *(tomber)* _____ malade. Sophie *(connaître)* _____ beaucoup d'autres malheurs, qui *(devenir)* _____ célèbres dans le monde entier.

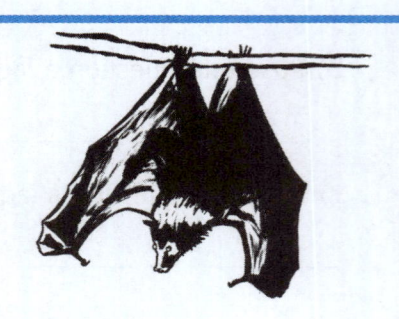

LE MOT DU JOUR

Un vampire est un personnage imaginaire qui vit la nuit et qui se nourrit de sang.

Mais un _____ c'est aussi une grande chauve-souris d'Amérique du Sud.

unité 21

21 VOCABULAIRE

Pages 202 et 203 du manuel

Suivre un nom dans un texte

> Dans un texte, un personnage, un animal, une chose peuvent être désignés par des mots différents : des pronoms, des groupes nominaux synonymes, des noms plus généraux.

1 Surligne tous les mots qui reprennent le nom en gras.

Une maison dans les airs et un ciel par terre, ce doit être drôle de voir la vie à l'envers. Demandez à **l'unau** ! Il en sait quelque chose.

Son autre nom est « paresseux à deux doigts ». C'est un animal nocturne qui vit en Amérique centrale. Il se nourrit de feuilles qu'il choisit avec un soin tout particulier. De couleur jaune paille, l'unau vit dans les arbres et on peut remarquer avec amusement l'absence de queue sur son derrière.

Aurélie Zarka, *Petit bestiaire des animaux étranges* © Éditions Safrat – Lire c'est partir.

2 Lis la définition.

myosotis n.m. Plante à toutes petites fleurs bleues qui pousse dans les lieux humides et qu'on appelle aussi *oreille de souris* ou *ne m'oubliez pas*.

a) Utilise les mots de la définition pour compléter ce texte.

Au printemps, les _____ fleurissent dans les jardins et dans les sous-bois.

Ces _____ forment parfois de grands tapis.

Si on vous offre un bouquet d'_____, n'ayez pas peur :

c'est à cause de leurs petites feuilles rondes duveteuses, que l'on appelle

ainsi les _____.

b) Surligne dans le poème les idées que tu retrouves dans la définition.

Le myosotis

J'aime les étangs et j'habite
Partout où l'eau se creuse un lit.
Ma fleur d'un bleu pâle s'agite
Au moindre vent, au moindre bruit.
Ma coupe d'or est si petite
Qu'une larme d'oiseau l'emplit.

Alphonse de Lamartine

LE MOT DU JOUR

Un objet **poli**, c'est un objet lisse et brillant.

Le contraire de _____ est **rugueux**.

Une personne **polie** est une personne bien élevée.

Le contraire de _____ est _____.

22 GRAMMAIRE — Pages 208 et 209 du manuel

Les phrases interrogatives (2)

❶ Surligne : a) le mot ou les mots interrogatifs
b) la partie de phrase qui répond à la question.
**Puis écris s'il s'agit du groupe sujet, du groupe verbal,
d'un complément du verbe ou d'un complément de phrase.**

1. Qui a délivré Orléans des Anglais en 1429 ?

Jeanne d'Arc a délivré Orléans des Anglais en 1429. _____

2. Quand peut-on manger des mûres ?

On peut manger des mûres à la fin de l'été. _____

3. Que faisait le sabotier ?

Le sabotier fabriquait des sabots. _____

4. Que fabrique le tonnelier ?

Le tonnelier fabrique des tonneaux. _____

**❷ Lis le texte puis réponds aux questions. Développe tes réponses.
Surligne dans chaque réponse la partie de la phrase qui répond à la question.**

Beaucoup de plantes peuvent aider à soigner les petits bobos. Si tu es piqué par des orties, cueille des feuilles d'oseille ou de plantain. Froisse-les d'abord dans tes mains jusqu'à ce que tu voies sortir un liquide vert. C'est le suc de la feuille ; c'est lui qui te soulagera. Frotte alors les feuilles là où tu es piqué. Ta douleur disparaîtra vite !

Quelles plantes peut-on utiliser pour soulager les piqûres d'orties ?

_____
_____

Qu'est-ce qui soulage les piqûres d'orties ? _____
_____

Pourquoi faut-il froisser les feuilles ? _____
_____

LE MOT DU JOUR

Un satellite naturel est un astre qui tourne autour d'une planète.
Un _____ **artificiel** est un engin lancé par une fusée et qui tourne autour d'une planète.

22 CONJUGAISON — Pages 210 et 211 du manuel

Le passé composé (2) : les verbes être, avoir et aller
Le participe passé

- Le passé composé des verbes *être, avoir, aller* se forme comme celui de tous les autres verbes.

Complète les tableaux de conjugaison. Trace les bulles.

être	avoir	aller	
j'ai été	j'ai eu	je suis allé	je suis allée
tu _____	tu _____	tu _____	tu _____
il, elle _____	il, elle _____	il, elle _____	il, elle _____
nous avons été	nous avons eu	nous sommes allés	nous sommes allées
vous _____	vous _____	vous _____	vous _____
ils, elles _____	ils, elles _____	ils, elles _____	ils, elles _____

- Le **participe passé** des verbes du **1ᵉʳ groupe** se termine toujours par **-é**.

Écris le participe passé de :

pédaler : _____ – ramer : _____ – avancer : _____

- Le **participe passé** des verbes du **2ᵉ groupe** se termine toujours par **-i**.

Écris le participe passé de :

noircir : _____ – rougir : _____ – jaunir : _____

- Pour les verbes du 3ᵉ groupe, il y a plusieurs terminaisons du participe passé.

Écris le participe passé de :

prendre : _____ – rendre : _____ – partir : _____

❶ Récris au passé composé.

Nadia est championne d'athlétisme du département. Elle a une médaille d'or. Elle va aux championnats de France.

_____

_____

❷ Écris l'infinitif de ces participes passés.

_____ : vu   _____ : lu   _____ : pu

_____ : ri   _____ : fini   _____ : dit

_____ : fait   _____ : craint   _____ : écrit

UNITÉ 22 • 63

23 RÉVISIONS — Pages 218 à 220 du manuel

Ce que tu sais sur les chaînes d'accords

1 Termine la bulle du verbe.

1. Nous sort(ions) de la forêt.

2. Les ruines disparaiss(aient) dans la brume.

3. Les tours du château ressembl(aient) à des géants.

4. Les corbeaux qui volaient tout autour croass(aient) sinistrement.

→ Quelle est cette chaîne d'accord ?

_____

2 Surligne le groupe sujet. Trace toutes les bulles.
Puis surligne la bonne réponse.

1. Les objets qui encombrent la cour iront chez le brocanteur .

2. Les vieilles malles du grenier de mes tantes contiennent des draps brodés .

3. Les journaux illustrés que tu regardes appartenaient à mon père .

→ Dans le groupe sujet
- il y a toujours une seule chaîne d'accords.
- il peut y avoir plusieurs chaînes d'accords.

3 Trace les bulles des verbes conjugués au passé composé.
Puis surligne la bonne réponse.

j' ai entendu – tu as fait – nous avons dansé – Marion a dormi

Nos amis sont partis – La nuit est tombée – tu es rentré – tu es rentrée

→ Avec l'auxiliaire *être* le participe passé
- s'accorde
- ne s'accorde pas
avec le sujet.

→ Avec l'auxiliaire *avoir* le participe passé
- s'accorde
- ne s'accorde pas
avec le sujet.